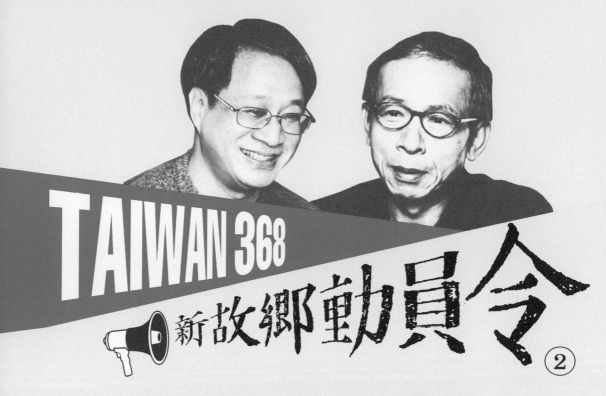

TAIWAN 368 新故鄉動員令 ②

小野 & 吳念真帶路，看見最在地的台灣生命力

紙風車文教基金會、中國時報調查採訪室／著

TAIWAN 368

新故鄉動員令

小野 & 吳念真帶路，看見最在地的台灣生命力

《TAIWAN 368 新故鄉動員令》②

目錄

序文（依姓名筆畫排序）

海線

平原

附錄

序一

每個人都有自己的新故鄉動員令

◎小野（作家、電影人）

我從游泳池爬出來，好好地沖洗了自己的身體，匆匆買了一罐黑松沙士和一個酸菜包，在趕往目的地途中當晚餐吃。爸爸生前最愛喝黑松沙士，媽媽生前最愛吃酸菜包，我用這樣簡單的晚餐隨時隨地想念著我的父母親。

還活在這個世界上的每個人，或許都有自己獨特紀念自己祖先的方式（原住民稱之為「祖靈」），或許也有接受過對自己的故鄉土地付出積極行動的動員令。此刻，我接受到的「新故鄉動員令」是：「立刻趕到中正紀念堂自由廣場底下，第二次的『不要核四、五六運動』在下午六點準時開始！」原住民女歌手巴奈（Panai）和她的搭檔那布（Nabu）已經主動從台東趕到現場，要參加這個由「我是人我反核」小組所啟動的公民運動，我這次臨時被指派的任務便是介紹這兩位歌手出場。

星期五的下午六點正是交通最繁忙的時刻，司機踩油門和煞車時都很猛，我喝了一口沙士差點噴了出來。不過這樣也好，這樣的感覺比較像是「緊急動員令」！在我們的設計中，這個定時定點的活動一開始由「全聯先生」帶現場的群眾做反核操，然後安排演講、演唱、劇場、文學朗誦等活動，最後有核溜拳比賽和公民論壇，所有的活動都是隨機應變，讓整個活動像是一個有機體，讓參與的人都有一種能影響這個正在發展的公民運動的成就感。

七點鐘。我介紹巴奈和那布出場，我先說了中正紀念堂在二十年前有九隻和平鴿迷路的故事，然後我表示這一年盡量不接演講；我接受這個「動員令」，讓自己只在這個自由廣場定時出現。巴奈和那布搭檔獻唱了他們最有名的〈也許有一天〉，當巴奈唱到「也許有一天，有一天能跟隨你的腳步，踏上遙遠的回家的路，讓風吹著你的長髮，讓眼淚盡情地流下，歌盡情盡情地唱呀，回家吧，回家」，那布用布農族的古調和布農族報戰功的方式，幾乎是吶喊和怒吼的腔調像是合音般搭配著巴奈的歌聲，在場五百多人都受到極大震撼和感動。

布農族男人在報戰功時一定會提到自己的出生、自己母親的氏族名稱。那布的訴說中有一段是這樣的：「雖然我不曾隨著父兄出征，但是還好能回到故鄉，拿回泥土，請你還我土地，讓我們重建家園。」這正是巴奈和那布對自己族人所發出的「還我土地重建家園」的「新故鄉動員令」。

在台灣的每個人都可以發出自己的「新故鄉動員令」，也可以接受別人所發出的「新故鄉動員令」，這個概念當初是由「中國時報調查採訪室」向「紙風車文教基金會」提出來，雙方決定一起來執行。紙風車文教基金會在二〇一一年的年底，完成了從二〇〇六年啟動的「孩子的第一哩路──紙風車三一九鄉村兒童藝術工程」後，整個社會都期待著何時能有「孩子的第二哩路」。

「新故鄉動員令」便是從這樣「第二哩路」的概念出發。吳念真和我輪流在「大魯文創」的《風聲網路廣播》的節目中，訪問那些留在自己故鄉默默推動著「維護故鄉自然環境」或是「保護傳統歷史和文化」的平凡百姓，然後透過《中國時報》和雅虎新聞專欄，分別報導這些動人的故事。

這些故事告訴了每一個生活在台灣的人，在自由民主已經有了基礎的台灣社會，千萬不要低估「一個人」的力量，也千萬不要輕視自己對故鄉的影響力。我曾經將這樣的觀念一再傳播給下一代的年輕人，我對他們說：「我們不能因為對權勢心懷敬畏，反而低估了自己的價值！要努力讓自己成為一個有力量的人，相信這個世界會因為有你的存在而更好！」當然作為上一代的我們，更應該以身作則、挺身而出！一年後，紙風車文教基金會也正式對外宣布，我們將展開七年更艱難浩大的

「紙風車三六八鄉鎮市區兒童藝術工程」！另外，因為覺得許多偏遠地區單親隔代教養的情況很嚴重，有一群朋友決定成立「快樂學習協會」，為各地的弱勢青少年建立課後的「祕密基地」，進行課後的輔導課程。同時，紙風車的校園反毒戲劇表演也正在進行中。

反毒之後也要反核，於是從二〇一二年夏天起，一個代號是「我是人我反核」的組織就這樣成立了。成立的原因，竟然是因為當時的總統隨口說了一句「沒聽說台灣有人反核」，於是我的朋友柯一正和吳乙峰很生氣，就發動一次在總統府前廣場上躺成一個「人」字的快閃行動。原本是幽默的表達，卻引來警察局開傳票的風波，引發電影界和藝文界朋友的公憤。憤怒如滾雪球般愈來愈大，我們決定加入二〇一三年的三〇九廢核大遊行，於是有了每週一次的五六運動。

每個人都有自己的新故鄉動員令，或許這就是當初「新故鄉動員令」最希望的結果。毫無疑問，一個完全不同於過去、不接受任何政治力量介入的「新公民運動」已經開始了，而且年輕人將扮演推動這些活動時最重要的角色，它也即將改變台灣的未來。

勇士昂首，腳踏寒霜

◎吳念真（導演、作家）

有個朋友曾經半認真、半玩笑地描述了台灣百姓跟政府關係的「三階段演進」，他是這樣說的：「威權時代政府只要做任何事，小自造橋鋪路大到延長國民義務教育都是『德政』，百姓都被要求得感激涕零、恩澤永懷。」然而民主落實之後，選舉頻繁，支票亂開，百姓也開始要求政府無所不能、無所不在；氣象報告不能不準，颱風過後門口的垃圾最好馬上幫我清乾淨。

經過兩次政黨輪替之後，台灣的百姓終於慢慢看清，不管執政的是哪一黨，政府不但都不是萬能，有時候甚至還是阻礙、是負擔，而且百姓似乎也沒有比它笨，許多急迫的現象、急迫的困境要等它發現、等它規畫、等它解決，恐怕得等到「頭毛嘴鬚白」。所以，算了，與其遙遙無期地空等，倒不如我們現在就挽起袖子自己來。

朋友還加了註解，說有才能的人就是有遠見，人家張榮發先生早就告訴過我們了，有一回被問到「長榮發展的過程中，政府有沒有幫上什麼忙？」的時候，老先生說了一句名言，他說：「政府？政府只要不找麻煩，我就謝謝它了！」

年輕時有個朋友寫了一幅字讓我貼在宿舍的牆上：「不耐長年兮焦望，劍鞘嘎嘎兮清響，勇士拔刀兮昂首，腳踏寒霜」，多年過去，那幅字早已不知去向，寫字的朋友更早已棄文從商而且移民他鄉，但內容迄今難忘，原因或許是某些悲壯的詞彙或意象總讓青春時期的自己沉迷、耽溺吧？而再度想起龍飛鳳舞的這幅字，尤其是那句「勇士拔刀兮昂首，腳踏寒霜」，則是在閱讀《TAIWAN

《368新故鄉動員令》這本書的初稿的那個當下。

那些在錄音室裡和我長談過的許多人，他們的臉孔再度栩栩如生地出現在我面前；他們好像都有一個共同特色，無論男女似乎都眼神堅毅，有一種捨我其誰的力氣，彷彿就是當年我對那個拔刀昂首的勇士的想像。

可以和這些人相遇、相識，好像得先跟《中國時報》的張瑞昌先生說聲謝謝。

二〇一一年十二月一個冷冽的夜晚，「紙風車三一九鄉鎮兒童藝術工程」在新北市的萬里完成最後一個鄉鎮的演出，原先計畫用十年時間逐步完成的夢想，沒想到卻因為全台灣民眾超乎想像的熱情催化，只用了一半時間，夢想就已經成真。

那個交織著感恩與不捨、笑容和眼淚的夜晚我並不在現場，而是在幾千里外的美國，正準備幾個小時後的一個演講。瑞昌也不在現場，他正在報社上班，但他忽然打了越洋電話給我，問我在「紙風車三一九鄉鎮兒童藝術工程」結束後有沒有新的構想？我說除了要償還許多贊助者的人情、除了要讓所有演員和工作人員好好休養一段時間，短期內實在不敢再有什麼構想，因為經歷這一次已深深體認，當初幾個人用一張嘴談出來的構想，最後卻得勞動無數的人披星帶月、流血流汗地去實踐，老實說，若有任何榮耀，都要歸於所有贊助者、演員和工作人員。至於自己，除了覺得虧欠之外，在那五年之中無時無刻都有一種深沉的罪惡感隱隱出現，虧欠或許還有補償的機會，但這種類似「一將功成萬骨枯」的罪惡感卻永遠無法釋然，所以……謝謝，我不敢再有任何構想。

不過，瑞昌似乎是有備而來，說他倒是有一個構想，說台灣許多鄉鎮裡其實有許多人都懷抱著和「紙風車三一九鄉鎮兒童藝術工程」一樣的夢想，單純地想連結眾人的情感和力量，為族群、社區、鄉里或整個台灣，在農業產銷、教育文化、社區重建、環境保護等不同的面向做出一點改變，而且很多人已經默默做了很多年，甚至達成一定的成果。

瑞昌覺得這些人和他們的理念、他們艱辛的過程和經驗都必須讓更多人知道，所以他和報社有一個計畫，希望透過報紙結合網路廣播，讓這些人、那些事可以逐一呈現。他說這些人已經結合了相當人數的情感和力量，如果我們可以連結這些人，那可能就是台灣一股正向的、強大的民間自主力量，是在當下普遍瀰漫著失望、頹喪甚至灰心、無感情緒的台灣一種可以激發眾人的熱情和精神。

他說：「田野調查和資料整理有報社的資源可以支應，至於老人家你，只要出一張嘴就可以。」一主旨如此強大，而我所要承擔的分內工作聽起來並不沉重、繁雜，不答應的話，於公於私好像都說不過去，於是在過去一年多的日子裡，我和死對頭小野先生分別和這些人見面、認識、長談。

我不知道小野先生的感受如何，對我來說，那絕對是一個無比震撼的經驗。《TAIWAN 368 新故鄉動員令》的這些人，無論是知名作家黃春明先生、因電影《賽德克・巴萊》而知名的林慶台牧師，或是之前你我從未聽聞過名字的所有人，他們都有著同樣特質，他們真正地把腳踩在鄉里的泥土上，一步一腳印地埋頭深耕。他們不求掌聲，不求一己的名利，他們不但不寄望政府關愛的眼神，甚至有人的工作是長期地和政府、財團抗爭……

我不知道他們的工作和經驗是否如瑞昌所說的，可以成為台灣一股強大的正向力量，但對我來說，一次的訪談就是一次的鼓舞，因為他們面對挫敗和困境時有著與我截然不同的態度，當我選擇逃避，他們在同樣的狀態下卻選擇改變。

我必須承認有幾次訪談過程，技術人員必須關機重來，因為他們某些故事和遭遇讓我無法回應，甚至一度哽咽而無法言語，但對他們來說，卻彷彿只是平常人的某件平常事而已。

這是他們的故事，我們只是轉述。

台灣不死，或許就因為在每個角落中都有這些不起眼的麥子。

序三

一份對土地和人民的堅持與承諾

◎張瑞昌（中國時報執行副總編輯）

每個人都有故鄉，那是出生地，也可能是成長所在，但隨著求學、工作、服役乃至成家立業，在我們生命羈旅的過程中，有時，日久他鄉即故鄉，雖然原鄉呼喚依舊，但異鄉也會成為新故鄉。

我非常欣賞日本劇作家倉本聰，他在早期一齣跨越二十年時空的日劇《來自北國》裡，有一段關於故鄉定義的敘述，令人印象深刻。透過演員的詮釋，倉本聰寫道：「故鄉，就是那種離開之後開始思念的地方，而且離得愈遠、思念愈深。」

製作「新故鄉動員令」的初衷，多少也帶著一種回饋鄉里與守望人間的情懷，而這個專題的發想則和「紙風車三一九鄉村兒童藝術工程」的落幕有關。二〇一一年十二月，整整走了五年的「紙風車三一九」在北海岸的萬里畫下休止符，那時候已經疲憊不堪的演出團隊，原先打算要好好休息幾年，而伴隨各地民眾熱情參與引燃的新文化運動，卻需要找尋新的動能延續下去。

找尋新動能的念頭最終催化了企畫新故鄉專題的構想，經由調查採訪室的多次開會討論，以及前任總編輯王美玉（現為《中國時報》社長）的全力支持，我們深感專題若仍停留在報紙，似乎難以滿足亟思朝跨媒體合作或數位匯流方向推進的企圖心。因此，《中國時報》和紙風車文教基金會執行長李永豐帶領的團隊嘗試了「報紙＋網路電台」的跨域合作，先確立由調查採訪室負責遴選個案、文字記錄等作業，再邀來導演吳念真、作家小野主持訪問，透過他們妙語如珠的主持風格與解讀議題的深厚功力，串連起多達四十七個鄉鎮故事的年度專題。

「新故鄉動員令」是一次罕見而且大規模的媒體實驗，每週定期在空中、在報紙版面上與聽眾、讀者相會的訪談專題，不僅為偏遠地區、弱勢團體提供一個發聲的公共平台，事實上，也為民間和政府、地方和中央創造一個攸關社區意識、在地文化及公共政策交流的對話空間。一整年下來，從澎湖到蘭嶼，從新北的三貂嶺到高雄的小林村，關懷足跡遍及台灣頭、台灣尾。

在當前包括報紙、廣播、電視等主流媒體中，類似這樣長達一年以上又著眼於弱勢族群、公共議題的媒體跨域合作，無疑是屈指可數。藉由「新故鄉動員令」，我們得以看見城鄉差距所帶來的變化，也發現民間豐沛的生命力，那可說是台灣新的社會風貌，甚至也是台灣新的生命地圖。

二〇一三年元月起，「新故鄉動員令」重組合作團隊，忙碌一整年的吳導、小野功成身退，由荒野保護協會榮譽理事長李偉文接棒主持訪談。正巧紙風車團隊也展開「三六八鄉鎮市區兒童藝術工程」，在另一場新文化運動同步啟動之際，我們結合「報紙」、「廣播電台」（目標為實現全國聯播）、「網路二十四小時實況錄音」的跨媒體合作，擴大了報導範圍和影響力。

過去一年的「新故鄉動員令」曾為採訪團隊贏得真善美新聞獎，今年四月又再度獲得金輪獎的肯定。其實，對每一個參與「新故鄉動員令」的時報同仁而言，得獎並不是重點，我們真正期待的是，那些發生在山巔水湄、窮鄉僻壤或是在喧譁都會角落裡的動人故事，能夠被看見、被關心，進而解決問題、找到出路。

走了一年的「新故鄉動員令」終於集結成冊，然而，《TAIWAN 368 新故鄉動員令》這本書與其說是一次跨媒體合作的成果報告，還不如視為一份實踐在地關懷、創造公共平台的文化獻禮，並且承蒙遠流出版公司及諸多贊助企業的支持，在紙風車團隊展開「第二哩路」適半年之際面世。

這是從故鄉出發的庶民之書，在日益艱困的媒體環境中，我們守著最後一畝田、一分地，從未忘記故鄉的初心，還有那份對土地和人民的堅持與承諾。

序 四

挺立一個世代的堅持與價值

◎廖嘉展（新故鄉文教基金會董事長）

台灣最美麗的風景，見仁見智，但如果說《TAIWAN 368 新故鄉動員令》的這批人，是台灣令人動容的風景，我看是沒有人會反對。

一九九八年，我為當時的省府文化處籌辦「在地的花朵——台灣在地文史工作研討會」，在手工網印的海報上，我寫下一段話：「這是一個特別的行業，不論山巔或海崖，都有人為它出生入死；這是一個可敬的行業，不論是護溪流或衛古蹟，都有人為它大聲疾呼；這是一個可愛的行業，覓文化挖歷史，留紀錄建家園；邀您前來回顧一同走過的腳蹤，並展望未來」。

一九九八年，九二一地震的前一年，那是一個風起雲湧的年代。台灣歷經一九八七年解除戒嚴，各種街頭運動沉澱之後，社區逐漸成為社會轉型的基地，展開自我認同的搜尋與建構。從一九八七年新港文教基金會面對大家樂賭博風行所進行的社區改造，到一九九四年美濃愛鄉協進會為反美濃水庫所延伸的社區社會運動等等，一個潛藏在台灣社會內部的民間力，通過文史工作，通過社區營造，瞥見社區作為一個社會運動基地的雛形。

一九九四年，當時的文建會提出社區總體營造政策，國家開始以政策面對勃興的社會力。當國家強調要社區居民由下而上思考社區的治理模式，其實也衝擊著長年以來執政者以透過地方農漁會、水利會、政治力等各種資源分配手段控制地方的統治模式，社區即進入價值錯亂、思辨與再出發的時期。

有些社區，因個別居民的覺醒、堅持與行動，投入了大量的時間，甚至進行資金與資源的募集，但他們卻同時得面對殘破不堪的家園，面對分崩離析的人際網絡，面對已喪失對自己土地信心的那顆心，甚至是面對國際化所帶來的壓迫。

遠處看來很美，實際參與卻很累。這是什麼樣的狀態？

台灣歷經日治、戰後的國府統治，從高壓極權到經濟快速成長，這對台灣人的人格養成、環境的變遷，都造成很大的衝擊。台灣的社會在短短的幾十年間，就要進化到西方資本主義的世界，同時得面對中國及國際化的壓力，在內部失調、人文及生態環境的敗壞下，生態環境及人文價值的復健是條漫長的道路。

由此，來觀看《TAIWAN 368 新故鄉動員令》，就會有比較清晰的脈絡。

在國家缺乏治理能力的時候，尤其是地方政府幾乎失能的時候，我們可以發現，在生活的現場，有人從自救，從反抗，從倡議，進行鄉村生態、文化、社會福利的保護及發展。這樣的社會發展困境，在短期內並不會改善，尤其是國家的治理能力已出現巨大困境時。這恰恰好呈顯了《TAIWAN 368 新故鄉動員令》這批人的重要性——挺立一個世代的堅持與價值。

南方朔在一九九八年「在地的花朵——台灣在地文史工作研討會」，有場「我對台灣文化發展的看法」主題演講，一開始他就說：

「假設我們看整個人類文明文化的發展，全世界每一個國家，每一個社區，各式各樣的文化，它真正基本的動力都是社會下面的那一層老百姓或是有不同意見的知識份子。這些人一直在下面推推推，推成我們今天社會的樣子。所以說我們作為一個少數的弱者、邊緣的讀書人、知識份子，事實上是沒有什麼可以悲觀的。」

他更指出，會選這樣一個角色來扮演，一定是腦袋當中有一種東西跟別人不一樣，並得為自己的選擇付出最大的努力。

他力陳，得比我們討厭的人還要用功，才有機會去創造我們所期望的一個文化或一個文明的生長點。「這個點是跟時代可以配合的，能夠打動別人的心靈、符合別人的需要……，只有付出足夠的努力以後，才能贏得所謂中心知識份子對你的注意，或者對你的畏懼。」

至今，南方朔帶著犀利眼神中深切地期盼與溫柔的告誡聲，仍深烙在腦海裡，他的話語更印證了《TAIWAN 368 新故鄉動員令》這一世代人的努力，不僅值得注意與畏懼，他們更是我們這一世代人的驕傲。

社會的轉型是跨世代的人文工程，路途仍遙遠，但有你，我們不會孤單。

走進偏鄉，給台灣一個新的生命

◎嚴長壽（公益平台基金會董事長）

正當我準備走向另一段人生旅程，而回頭檢視自己的生命時，發現自己曾以觀光及會展等各種方式替代外交與世界做朋友，以文化提升台灣的人文素養，以建言針砭時政；雖然關心過、意圖改變過的事情很多，但當體力與時間都不允許、建言批判也不再是最有效的工具時，反倒該是要捲起袖子、放下身段，用心傾聽，做出示範性探路的時候了。

在此同時，我也觀察到幾乎所有的偏鄉都面臨年輕人嚴重外流，成為一個只剩下老人與小孩隔代教養的「中空社會」！這樣的問題雖不是台灣獨有，但當菁英們不願意返回故鄉的時候，這個部落或社區是沒有未來的，他們只能沿襲過去的方式繼續陷在問題的泥淖中，或任由政治力綁架而失去自主的能力。因此，我最終選擇從台灣偏遠的花東為出發點，因為它代表了台灣每一個偏鄉都會面臨到的問題。

當看到《TAIWAN 368 新故鄉動員令》如此用心從台灣各個角落去發掘不同領域的朋友所努力的方向，我心中相當感佩。同時，我也很高興看到有許多朋友已開始回鄉實踐自己的夢想，這象徵台灣這個社會即將走向另一種生活文明，一個與時俱進珍惜地球持恆永續的新文明。

在華人社會、甚至亞洲國家中，台灣有幾項無可取代的絕對優勢；第一，台灣以原有的中華文化為根，經過不同歷史階段的歲月淘洗下，已萃取新的元素，揉合成一種最具深度的新台灣文化，它具有傳統中華文化的基底，卻也有自我孕育的生命。第二，台灣從極權統治走向民主社會，在知識份子的引領下，在宗教的護持下，最終走向民主、自由開放的環境，整個過程沒有發生激烈的流血衝突，這是一項很了不起的成就。第三，就是源自於中國卻深耕於台灣的宗教，成功而深遠地扮演了社會教育家的角色。

這樣的優勢源自兩股重要的力量，一是知識份子對台灣的影響，如傅斯年、殷海光等人形塑出知識份子須具備批判能力、正義感與社會良知的典範；另一力量則來自宗教家，台灣的宗教從單純祈求保佑平安開始，轉而教導人們學會如何面對無常的人生，培養自我修練的態度，進一步去關懷他人。這兩股體制外的重要力量，一直支撐著台灣在選舉等各種衝撞之間還能保持相對平衡。但無可否認，這些力量也逐漸在衰退中。足以影響輿論的批判不再具有深度、力道；年輕人不再重視宗教、而網路占據了他們大部分的時間；教育缺乏品德、美學等元素，只顧著用強背死記、補習及家教在考試與分數之間算計，如此用金錢優勢堆砌起來的成績，使城鄉差距愈拉愈遠，最終將導致偏鄉小孩永遠沒有競爭力。

作為一個時代的開拓者，我們在台灣經濟起飛的六〇、七〇年代奮鬥打拚，雖然辛苦，但那時的我們是在經營一個叫做「希望」的未來，而下一代的年輕人卻是在經營生活的「保障」，缺乏勇往直前的開創性！如果我們進一步認真地探究下一代子孫的處境，在高齡化與少子化的社會趨勢下，他們不但少了具有競爭力的產業支持，還要負擔沉重的老人福利，同時承受已經過度開發的土地與無可挽回的生態環境，也因此，他們所面臨的未來將會是「失望」與「絕望」。

當教育與文明沒有達到一定的程度前，往往開發與破壞就會走在前面。在這過程中，我們這一代必須承擔起責任。它是台灣現在必須正視的問題，也是台灣應該給自己與未來一個新生命的時刻。我認為台灣人應該把自己的目標定位在小康家庭，扮演一個有愛心、負責任、有素養、愛地球的世界公民角色，讓台灣成為亞洲的瑞士、丹麥或瑞典，相信這是台灣可以追尋的方向。放眼亞洲，也唯有台灣最有條件可以做到。

台灣已是一個非常有愛心的社會，每次的賑災募款都獲得國人的熱烈響應就是明證，如果要更提升慈善公益的深度，那麼台灣更可以在捐款之後，進一步思考捐「人」，也就是採取行動把自己的經驗捐出來、把自己的時間捐出來，因為許多公益光靠捐錢並無法解決所有的問題，這也是我實地走進偏鄉之後的發現，「公益平台」就是在這個背景下成立，希望能整合各種資源共創一個更有影響力的永續社會公益。朋友們，就讓我們一起走進偏鄉，給台灣一個新的生命吧！

新故鄉動員令

海線

台東太麻里	黃清泰
花蓮市	王玉萍
桃園觀音	潘忠政
苗栗後龍	洪箱、洪江波
台中清水	吳長錕
彰化芳苑	蔡嘉陽
嘉義東石	謝敏政
嘉義義竹	柯一正
台南安南	吳茂成
高雄小港	黃耀雄、蕭立峻
屏東東港	丁澈士
屏東林邊	鄭婉阡

日升之鄉工藝復興

受訪◎黃清泰　對談◎小野　執筆◎謝錦芳

請大家多聽聽原住民朋友的心聲。

黃清泰

台東縣太麻里鄉

新故鄉動員令

動員者──黃清泰，曾任公東高工校長、台東基督教醫院董事長、南島社區大學理事長，現任向陽薪傳技藝樂校校長。

動員組織──向陽薪傳技藝樂校，2011年創立。

基地：台東縣太麻里鄉 **面積**：97平方公里 **人口數**：11,684人 **人口密度**：121人/平方公里 **平均年齡**：42歲（資料來源：內政部資料至2012年11月底）

一位台東攤販之子，四十多年前在瑞士天主教白冷會安排下，前往瑞士、德國學習木工技藝，回國後成為台東最負盛名的公東高工校長，也曾擔任台東基督教醫院董事長、南島社區大學創校理事長，他就是台東的傳奇人物黃清泰。莫拉克風災後，他全力投入社區的木工技藝傳承，並號召原住民朋友「學一技之長，繁榮鄉里」。

幫原住民，和他們一起工作

太麻里位於台東縣東南方，東濱太平洋，南接大武鄉，原稱「大貓貍」，排灣族語為「太陽照耀的肥沃土地」。千禧年時台灣第一道曙光就在太麻里，有「日升之鄉」美名。不過，莫拉克風災時，太麻里嚴重受創，現年七十七歲的黃清泰以太麻里為基地，恨不得把十八般武藝全部傳出去，幫助原住民朋友重新出發。

黃清泰從小在台東長大，父親是市場賣魚小販，母親經常到原住民部落賣菜，也會講阿美族語。他不是原住民，卻成為他們的好朋友。他說：「要幫原住民，最好的方法就是和他們工作在一起。」

長年奉獻，獲頒最佳志工

原在中國東北齊齊哈爾一帶傳教的錫質平神父，國府遷台後，他來到最窮困的台東並創辦了公東高工（德文意思為工藝學校）。公東高工成立之初，黃清泰跟著瑞士、德籍神父

↗黃清泰（前排左）與木工學員合影。（向陽樂校提供）

↗太麻里在排灣族語的意思為「太陽照耀的肥沃土地」，千禧年時台灣第一道曙光就出現於此。（中國時報資料照片）

↗公東高工參加國際技能比賽，屢創佳績。圖為學生設計的斷橋警示系統。（黃力勉攝／中國時報資料照片）

學木工和德文，把德文教材翻譯成中文教科書，其後並帶著學生參加國際技能競賽，至今總共獲得高達六十三面獎牌，公東高工因此聲名大噪。對他而言，「人生最精華的二十七年歲月都奉獻給了公東高工。」

宗教家的入世情懷，自嘲獲頒傻瓜獎

黃清泰提到兩位對他影響最大的人，一位是他所就讀的教會學校台南長榮中學校長戴明福，另一位就是創辦公東高工的瑞士籍神父錫質平。小野則形容：「黃校長就像宗教家一樣，不論碰到多大的困難，最後都能一一克服。」

一九九九年四月一日愚人節當天，已退休的黃清泰因在台東推動為獨居老人送飯包等社區服務，獲當時中研院院長李遠哲頒最佳志工獎，並獲李登輝總統召見。黃清泰笑說，這其實是「傻瓜獎」。李遠哲介紹黃清泰時說：「他有很多頭銜，擔任過董事長、總經理、校長、理事長，但最適合他的頭銜是志工。他若不是傻瓜，不會去送老人飯包。」

曾獲總統召見，不畏戒嚴發展社區

出生於日治時期，精通日、中、台、德等語文的黃清泰，曾擔任國際技能競賽裁判長達二十五年；早年帶領公東高工學生參加國際比賽獲金牌，多次獲總統召見。他擔任公東高工校長期間，研發醫療用三截病床，並取得專利。當時資源貧乏，他校長兼司機全台跑透透，把學生做出來的病床送到各醫院。他透露說：「我送病床到各醫院時，親自幫忙搬運病床，院方不知道我是校長，還以為我是送貨司機。」

黃清泰也是國內推動社區發展的先驅。他曾到德國考察，對當地社區發展留下深刻印象，回到台灣後，在一九七〇年代於台東成立社區發展中心，率先在原住民部落開辦媽媽教室。令他印象深刻的是，當時台灣仍在戒嚴時代，該社區發展中心竟被判定為非法組織；不輕易妥協的他，於是改以合作社方式來經營，同樣達到了社區發展的目的。

快樂學習，堅持德國學徒制

莫拉克風災後，在清華大學生命科學系主任曾晴賢協助下，已廢校的多良國小變身為積木工坊。二〇一一年桃源國小校長鄭漢文在此開辦「向陽薪傳技藝樂校」，特別聘請「木工界的唐吉軻德」黃清泰擔任無給職校長。

黃清泰說，取名「向陽樂校」，就是希望原住民朋友快樂地學習，有了一技之長，可以留在部落照顧家庭，否則一離開部落，家庭就崩潰了。他認為技職教育對原住民部落非常重要。他感慨說：「國內技職教育最大問題是，政策變來變去，缺乏核心價值。」

半世紀以來，公東高工一直堅持德國學徒制的精神，黃清泰也將這個精神應用在「向陽樂校」，更大的願景是協助部落建立合作經濟體系。

身材清瘦的黃清泰，儘管兩鬢斑白，但雙目炯炯有神，活動力絲毫不輸給年輕人。他強調：「原住民朋友只要肯學，我都樂意傳授，從焊接、車床到木工，全部都要學。我對他

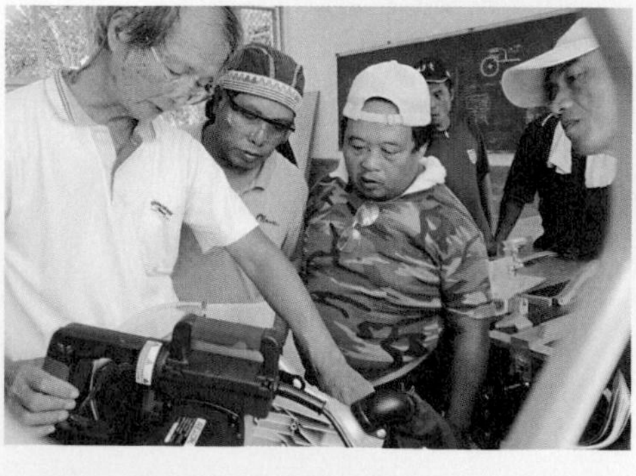

↖黃清泰（左）傳授木工技藝給原住民。（向陽樂校提供）

們有信心。」

流動教室，教學地點不受限

除了向陽樂校之外，黃清泰在台東社區大學開辦木工課程，上課有如打游擊戰，地點從榕樹下、廟口到自己家裡，年年都是最熱門首選。二〇一一年底，他成立「DIY協會」，把社大木工班成員組成志工隊，逢年過節時協助弱勢家庭翻修家具、房子，還準備與環保局合作，將廢棄家具整修後轉送給需要的人。

自公東高工退休後，黃清泰有一段時間到西部企業界任職，技術底子深厚的他曾經讓多家企業轉虧為盈。不過，繞了一大圈，黃清泰最愛的還是台東的空氣與陽光。回到台東老家，他開心地說：「能夠呼吸這裡的空氣，看到熟悉的美景，我已心滿意足。」做為原住民的朋友，他最想告訴政府官員：「如果真有心要幫原住民，應該多聽聽他們的心聲。」

↗黃清泰儘管年事已高，仍舊致力於技職教育。（向陽樂校提供）

深入部落推動軟實力，關懷老者爭取權益

身為基督教長老教會的一員，黃清泰其實早在三十多年前就開始深入原住民部落推動社區工作，足跡遍及台東縣的蘭嶼、初鹿與太麻里。他曾協助蘭嶼開辦蘭恩幼稚園，輔導達悟族人成立漁業合作社，將蘭嶼特有熱帶魚賣到台北。

在電腦尚未普及，收銀機還是手搖式的時代，黃清泰就協助花蓮豐濱部落建立消費合作社，相當於現在的便利超商。此外，他也在各地部落推動儲蓄合作社，灌輸原住民儲蓄觀念。他說，這些社區工作著重的都是「軟實力」。

原住民與老人一直是黃清泰最關心的議題。他不是醫療專家，卻接下台東基督教醫院董事長職位，讓醫院轉虧為盈，還爭取到土地興建老人安養中心，創造了許多奇蹟。黃清泰一路走來，好幾次臨危受命，最終都能化險為夷，讓夢想逐一實現。他退而不休，忙著到處傳授木工技藝；從他身上，外界看到了一位宗教家的無私情懷。

↗黃清泰擔任國際技能競賽裁判前後二十五年，多次帶領學生出國比賽得到金牌。圖為黃清泰（左）及得獎學生與時任勞委會主委趙守博（左二）合影。（黃清泰提供）

↗公東高工學生在國際技能競賽中表現優異，黃清泰功不可沒。圖為黃清泰（左五）與獲獎學生在校園內合影。（黃清泰提供）

困境：欠缺行銷專才，市場拓展困難

近年來原住民的編織、陶藝或琉璃珠等各式工坊如雨後春筍出現，不過，政府計畫經費用完之後，這些工坊也跟著關門。黃清泰認為，部落需要有好的技術與行銷人才，產品才賣得出去；他呼籲，企業界可以提供相關技術支援，或主動購買原住民部落產品，協助部落建立合作經濟體系。

目前向陽樂校主要生產益智積木、木製花器等，已獲得海外訂單，可以外銷到日本、德國，新興部落的「原愛木工坊」則以漂流木製作創意家具為主。

黃清泰指出，未來必須進一步拓展市場，才能提供更多工作機會。不過，遺憾的是，向陽樂校才剛做出一點成績，縣府人員即以多良國小校舍為公家資產，要求提「回饋計畫」並將獲利上繳。他認為，整個計畫仍在進行中，最後是賺是賠都還不清楚，這樣的公務員心態應該調整。他開玩笑說：「我們很缺會計，縣政府乾脆派人來幫忙記帳好了。」

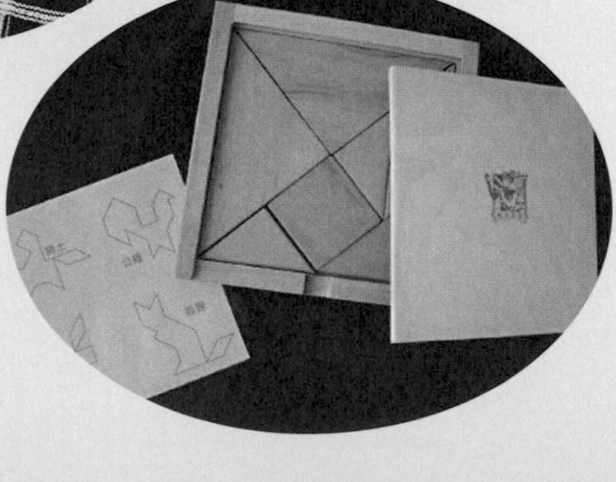

↗向陽樂校木工坊生產的積木產品。（向陽樂校提供）

突圍：「如果沒有南島社大，台東就沒有聲音了。」

《終身學習法》頒布施行後，台東大學教授劉炯錫等人發起成立南島社大，希望創辦一所結合南島文化、生態與產業的社區大學，同時設置原住民部落學院。黃清泰在社區人士推薦下，成為南島社區大學創校理事長。當時台東縣政府另輔導成立官方版台東社區大學，兩家社大互別苗頭。

南島社區大學自成立以來，教授群對於核廢料儲存、美麗灣渡假村案到焚化爐事件等公共議題，都給予毫不留情的批判與監督，幾乎把每任縣長都得罪了。針對美麗灣渡假村案，黃清泰直言，縣政府不應「知法犯法」，高等法院判決美麗灣案環評無效，縣政府怎麼能夠核發建築執照？如果業者因此申請國家賠償，最後仍是納稅人買單，非常不合理。

「我擔任理事長六年期間，南島社大辦公室被迫搬了五次家。」黃清泰指出，南島社大經常對公共議題發聲，雖然多次被評鑑為優等，但由於與縣府關係緊張，預算上經常受到刁難。這所原本讓各界不看好，以為很快就關門大吉的民間社區大學，沒想到二〇一一年順利度過十周年。黃清泰說：「如果沒有南島社大，台東就沒有聲音了。」他慶幸有南島社大，可以持續為社區民眾發聲。

↗退而不休的黃清泰。
（向陽樂校提供）

動員，齊步走

行動指南
前往台東縣太麻里鄉多良部落，實地認識原住民木工製作過程與創作理念。
加入「向陽薪傳木工坊」Facebook，了解最新活動訊息。
參觀資訊
向陽樂校木工坊──◎地址：台東縣太麻里鄉多良村2鄰15號
◎電話：089-771481◎開放時間：9:00～17:00

憨膽辦雜誌，介紹簡單好生活

受訪◎王玉萍　對談◎吳念真　執筆◎高有智

旅遊是相互交流，是彼此分享，歡迎遊客前來體驗花蓮的真實生活，感受花蓮的美好。

王玉萍

花蓮縣花蓮市

動員者——王玉萍，曾任職於誠品書店，現為 O'rip 生活旅人工作室成員。
動員組織——O'rip生活旅人工作室，2008年創立。
基地：花蓮縣花蓮市 **面積**：29平方公里 **人口數**：108,119人 **人口密度**：3,676人/平方公里 **平均年齡**：39歲（資料來源：內政部資料至2012年11月底）

新故鄉動員令

「花蓮最美的並非是大山大海，其實是人情。」被導演吳念真笑稱為「憨膽」的王玉萍，從台北嫁到花蓮，在花蓮舉辦藝文活動，找夥伴辦雜誌，訂戶遍及全台；儘管不是旅行社，卻規畫了許多深度的小旅行路線，帶領遊客穿梭部落與鄉鎮。這些被視為不可能的瘋狂舉止，一一在洄瀾夢土實現。「來花蓮體驗O'rip的深度小旅行！」「O'rip」是阿美族語「生活」的意思，也是王玉萍創辦的雜誌名稱，專門介紹花蓮的「簡單好生活」。她和夥伴們的共同信念就是販賣「態度」，推銷花蓮人優質的生活態度。

土生土長台北人，愛上後山新故鄉

王玉萍原本是土生土長的台北人，一直到三十幾歲都未曾離家，對台北以外的鄉鎮完全陌生，也不感興趣。但命運的安排，卻讓她找到「新故鄉」，無可救藥愛上了花蓮。

曾當過誠品書店企畫處主任的王玉萍，結婚並選擇定居花蓮之後，也把誠品經驗帶到花蓮。她在老公楊武訓經營的璞石咖啡館二樓舉辦藝文活動，包括童書展、法國動畫展與紀錄片展等。原本花蓮只有公部門的免費藝文活動才能吸引民眾，沒想到，王玉萍創造更多可能性，不僅收費活動有人要來，常常還人數爆滿，座無虛席。

↗O'rip串聯花蓮的小農，促銷在地的農產品。（O'rip生活旅人工作室提供）

創辦O'rip雙月刊，說「人」的故事

「我一開始帶來台北的藝文活動，後來發現花蓮有許多迷人的美好事物。」在花蓮生活，起初還老往台北跑，王玉萍生了第二個孩子後，決定要好好認識花蓮。在二〇〇六年時，她創辦《O'rip》雙月刊，自己也像是讀者，好奇地想了解花蓮各鄉鎮的人事物。《O'rip》沒有接受政府補助，經費主要來自於廣告，每期發行約五千份，後來才開放訂戶，第一筆廣告費用還是老公自掏腰包「贊助」。這份刊物從「人」出發，不論是介紹好玩或好吃的東西，強調背後經營者或社區居民的故事，以及他們堅持的理念與生活態度。

規畫小旅行路線，漫遊鄉鎮風貌

《O'rip》打開知名度之後，不少人找上門，有人想移民，有人想找工作，還有人詢問買房子的訊息。「我們好像被當成仲介一樣！」王玉萍說，辦雜誌是傳遞理念，但對社區和部落的產業幫助不大，所以他們成立「O'rip生活旅人工作室」，規畫「O'rip漫走」小旅行。透過遊客和居民的分享交流，不僅讓旅人感到驚豔，也讓在地接待者感到驕傲，「O'rip的旅行都是在找人，因為有人在，環境就活了起來，也會有很多故事。」

O'rip小旅行規畫了五條以上的路線，包括花蓮縣的光復鄉、瑞穗鄉、富里鄉、秀林鄉、新城鄉及壽豐鄉等，結合當地的有機小農、文史工作者和社區活動，呈現花蓮的不同鄉鎮風貌，並由在地居民招待與解說，讓遊客體驗花蓮的常民生活。雖然常常有店家會跟

↗花蓮著名景點七星潭海天一色，風景迷人。（中國時報資料照片）

↖O'rip生活旅人工作室的夥伴們。（O'rip生活旅人工作室提供）

王玉萍說感謝，但她始終回說：「沒有你們就不會有我們，是我們該謝謝你們！」

在花蓮做理想的事，沒人會笑你

吳念真也肯定以「人」出發的旅遊理念，他每次遇到外國友人，必定會建議一條旅遊台灣的最好路線，那就是到了台北之後，馬上離開台北，坐火車一路殺到花蓮，然後租輛腳踏車，往返花東之間，沿途隨時可以休息，也可以藉此認識很多人，「你也許忘記台灣的風景，但一定會記住那些人，因為那些人和其他地方不一樣！」

在花蓮，如今有愈來愈多類似王玉萍的「新移民」。許多人選擇到花蓮是為了過生活，並非討生活，也不是退休養老，而是做自己想做的事情。王玉萍語氣堅定地說：「在花蓮，說要做理想的事，沒有人會笑你了，因為有愈來愈多人正在實踐。」

家人擺第一，女強人變帶子郎

曾經有人問王玉萍：「你是因為喜歡花蓮才來的嗎？」她笑說：「不是，我是喜歡我老公才來的！」對於王玉萍而言，她從來沒有想到自己會在花蓮辦雜誌、帶旅遊，這一切都是人生的巧合，在這當中她也學會如何享受生活，並且，永遠把最愛的家人擺在第一位。

曾經是職場女強人，王玉萍整天忙得就像轉不停的陀螺，工作十幾個小時，回家就是睡覺，半夜一個人開車下班，竟然昏頭到逆向行駛，開了好長一段路才驚醒。結婚半年後才有機會到法國度蜜月，卻也讓她真正了解：「過生活的感覺真好！」於是決定放棄台北的高薪生活，到花蓮重新尋找人生。

儘管再忙，王玉萍依舊堅持把家庭擺在第一位。她的綽號是「帶子郎」，辦活動時，常常帶著幼兒出現，而且每天中午一定回家煮飯。現在孩子漸漸長大了，為了增加與孩子相處的時間，回家後不開電腦，晚上十點過後就關手機，守在床邊講故事給孩子聽。

追求美好生活，並樂於分享

她喜歡這樣的生活，簡單卻富足，「如果我每天都在對外分享花蓮生活的美好，卻不懂得喜愛自己生活，這樣就會很虛假！」在花蓮，她減少買衣服的消費，卻多了時間陪孩子，「我學會更誠實，不像過去在職場上身不由己，現在可以忠於自己，做自己喜歡的事情。」

德蕾莎修女曾被印度人問到：「你不是印度人，我們為何要幫你推動公益活動？」她回答說：「你們是出生在印度，無法選擇。我是自己選擇印度，愛上了印度，所以你們當然要幫我！」王玉萍，一個愛上花蓮的女子，喜歡分享這樣一段話。她選擇了花蓮，但始終不孤單，相信花蓮人和她同樣追求美好的生活，同樣樂於分享。

↖綽號「帶子郎」的王玉萍，堅持把家庭擺在第一位。（王玉萍提供）

↗參加O'rip活動的遊客，深入阿美族太巴塱部落，聆聽部落耆老的分享。（O'rip生活旅人工作室提供）

↗O'rip的小旅行帶領遊客們進入不一樣的花蓮。圖為遊客們在森林中用餐。（O'rip生活旅人工作室提供）

困境：地方政府大開發，「小而美」風貌恐失真

O'rip小旅行盼帶動地方產業，但王玉萍憂心地說，花蓮縣政府主張大開發的思維，引進大財團勢力，推動觀光建設，卻可能會破壞環境，甚至改變居民的生活樣貌，如此不僅無助於當地的微型產業，也可能讓花蓮原本美好的生活價值不見了，地方活力也消失了。

舉例來說，在花蓮的瑞穗鄉，O'rip小旅行帶領遊客體驗「小鎮的風華與暖意」，早上體驗有機咖啡豆的耕作農事，中午品嘗原住民族的野菜火鍋，下午則參觀賽德克族BuBu（賽德克語「阿嬤」的意思）的織布工藝。王玉萍說，這些都是累積自當地居民生活文化的微型產業。花蓮縣政府原本有意在當地開發溫泉特區，因為小旅行讓當地居民了解到地方特色產業的重要性，因此發出反對溫泉特區的聲音。

「花蓮的特色是小而美，人們善用串連，就可以產生比『大』更好的模式。」王玉萍說，微型產業可以幫助花蓮延續美好的生活價值與態度。花蓮人物質享受雖低，但幸福指數卻很高，這是花蓮迷人之處。如果引進財團開發，在地人最後只能淪為服務生，反而失去原有的美好生活風貌。

↗O'rip雙月刊封面。（O'rip生活旅人工作室提供）

突圍：在璞石咖啡館裡，找到一群志同道合的人

誕生於花蓮的刊物《O'rip》雙月刊，設計風格充滿藝文氣息，文字注入花蓮的人味與溫度。王玉萍希望分享花蓮的美好，她不僅幸運地找到一群夥伴，也讓這本雜誌找到獨特風格與定位，得到不少藝文界人士支持。

《O'rip》草創時期，每期約賠一、兩萬元，逐漸打開知名度後，目前發行量維持五千份左右，訂戶約有五百多人，遍及台北、宜蘭與花蓮等地。

除了總統夫人周美青曾親自打電話來訂閱，公益平台基金會董事長嚴長壽也是重要推手，他不僅是訂戶，也介紹給蔣勳、林懷民、侯孝賢、龍應台與胡德夫等藝文界名流。天下文化總經理林天來因為同樣出身花蓮，對家鄉特別有感情，一口氣訂了五十本，分送親友，希望能讓外界看到花蓮的美。

「我在咖啡館找到了一群人。」王玉萍表示，《O'rip》的誕生，緣起於在璞石咖啡館找到一群志同道合的朋友，其中有任職廣播公司的DJ，也有返鄉青年加入行列。目前工作室有五位正職工作人員，兼職的撰稿人則多達十三位。為了符合專業與要求品質，撰稿人都有稿費可支領。

《O'rip》的經驗，不僅讓外地人看見花蓮，也讓在地人更了解花蓮。《O'rip》長期關心有機農業的議題，讓狹長的花蓮南北小農有機會交流。《O'rip》影響力也擴及台東一帶，王玉萍曾協助關山、鹿野等地發展社區刊物，分享《O'rip》的發展經驗。

動員，齊步走

行動指南

前往花蓮縣，實地體驗花蓮人的生活風貌。
訂閱《O'rip》雙月刊，分享美好的生活態度，獲取最在地的旅遊資訊。
加入「O'rip」Facebook粉絲專頁，了解最新活動訊息。

官方網址

O'rip @ Hualien/O'rip生活旅人工作室　http://orip.wordpress.com/

在地旅遊諮詢站

O'rip 生活旅人工作室——◎地址：花蓮市節約街27號◎電話：03-8332429◎開放時間：11:00～20:00
璞石咖啡館——◎地址：花蓮市明禮路8號1樓◎電話：03-8345968◎開放時間：7:00～18:00

搶救千年藻礁，守護海岸生態

受訪◎潘忠政　對談◎小野　執筆◎高有智

潘忠政

桃園縣觀音鄉

新故鄉動員令

動員者——潘忠政，曾任國小老師，現任桃園觀音大堀溪文化協會理事長。
動員組織——桃園觀音大堀溪文化協會，2008年創立。
基地：桃園縣觀音鄉 **面積**：88平方公里 **人口數**：62,532人 **人口密度**：711人/平方公里 **平均年齡**：37歲（資料來源：內政部資料至2012年11月底）

桃園縣觀音鄉的藻礁海岸，其形成與累積的時間，已經超過了兩千年以上。這是全台保存最完整、面積最大的藻礁區，因為環境汙染與破壞，目前面臨重大的生存危機。一群關心環境的觀音鄉民發起搶救「千年藻礁」運動，他們的力量很有限，心情很焦急，希望緊急號召全台愛護環境的民眾加入搶救行列，呼籲政府成立「觀音藻礁自然保留區」！

從找回溪流裡的小魚，擴大到拯救一片海岸

「我們只是土地的過客，但還有後代子孫。我們這一代不努力保護環境，就會對不起下一代！」大堀溪文化協會理事長潘忠政原本是一位退休的國小老師，基於關懷鄉土的熱情，他號召一群愛鄉的環境志工，從守護觀音鄉最大的溪流——大堀溪[註1]，逐漸擴大到一片海岸。他們原本的目標是希望找回溪流的小魚，而後不願千年藻礁受到破壞，因此發起全國性的搶救運動。他們不僅向立委陳情，也透過網路發起連署行動。

藻礁主要是由珊瑚藻等藻類堆積而成的「植物礁」，熱帶地區常見的珊瑚礁則是由珊瑚蟲造礁，也就是「動物礁」。一般而言，珊瑚礁的造礁速度快，雖然較具競爭優勢，但環境忍受度低，必須在水質極佳的海域中才能生長。

桃園沿海地區的海岸有古石門溪沖積形成的礫石層，提供了藻礁生長的環境，藻礁分布最廣的時候，曾經長達二、三十公里。潘忠政表示，近來海岸沿線遍布工業區或開發案，

註1——大堀溪全長十四點五公里，流域面積四十八點三五平方公里，在桃園大圳興築之前，為本區主要的灌溉水來源。由於沿岸工廠及畜牧業者非法排放大量廢水，導致大堀溪嚴重汙染。一九九七年，前國大代表江瑞添率先領導在地居民發起反汙染的抗爭活動。

↗觀音鄉沿海的藻礁具有豐富的生態資源，大堀溪文化協會志工導覽民眾認識藻礁。（潘忠政提供）

↗藻礁區有豐富生物資源，吸引唐白鷺覓食，此外也有司氏酋婦蟹（見下圖）在此棲息。（劉靜榆提供）

↗司氏酋婦蟹。（劉靜榆提供）

包括觀音鄉的大潭、環科、桃科、觀音等工業區，及大園鄉的大園工業區。別說是珊瑚礁，就連藻礁都已經破壞殆盡了，如今只剩下觀音鄉一帶的藻礁區完整倖存，「如果最後這一片淨土也不見了，整個桃園縣的海岸線就淪陷了！」

珍貴藻礁面臨危機，環境資產能否延續下一代？

觀音鄉民在二〇一一年發起「反中油煉油廠遷建觀音」的行動，最後抗爭成功，也因此發現當地海域藏有「千年藻礁」的蹤跡，進一步發起「保護藻礁」的行動。目前觀音藻礁面對兩大威脅：一是台電大潭電廠及多個海岸突堤[註2]的連鎖影響，造成藻礁區的漂沙淤積日益嚴重，影響藻類生存與造礁。此外，當地居民也擔心，工業區或河流上游工廠廢水汙染，以及築堤的泥沙中內含廢棄物，都會造成海域水質惡化，不利藻礁存活。

潘忠政憂心地說，藻礁是多孔隙的礁體，提供底棲生物棲息場所，也是魚類的育嬰床，「如果藻礁消失了，連帶影響竹圍和永安漁港附近的漁場，整個海洋食物鏈也會被破壞。」至於劃設藻礁自然保留區，鄉民是否會因此受到使用上的限制？潘忠政強調，藻礁自然保留區除了核心敏感區域限制較多外，其他區域依舊可提供民眾休憩和環境教育。

「我們的海岸不能再髒下去！」師大生物系畢業的小野也沉重呼籲，藻礁是活化石，提供氣候變遷、海岸變動、地質和地理等學科研究的重要證據。千年藻礁是一層又一層慢慢成形，一年所形成的厚度不到零點一公分，精采呈現了生命不斷累積的過程，潘忠政的努力，就是希望為下一代保留如此可貴的環境資產。

註2——海岸旁修築防波堤等建築構造體，容易出現堤前漂沙堆積、堤後海岸侵蝕的現象。

道卡斯人的血統，異鄉人的漂泊感

潘忠政在觀音鄉新坡國小服務將近二十年，奉獻大半生的心血，說得一口流利的客家話，很難想像，他其實是不折不扣的平埔族道卡斯人（Taokas）註[3]，祖先來自苗栗後龍的新港社。

出生在楊梅鎮的客家村，從小家中卻是講福佬話，在成長過程中，潘忠政始終懷著「異鄉人」的漂泊感，即便舉家搬遷到嘉義，一口福佬話夾雜客家腔，總被恥笑為「客兄」。

新港社向來不對外通婚，直到潘忠政的祖父都還保持血統上的「純度」。到了潘忠政這一代，雖已打破不對外通婚傳統，但因族群歧視的壓力，潘忠政卻始終迴避面對自己的真實身分。儘管流著道卡斯族的血液，也早從祖先牌位上意識到自己不是漢人，潘忠政卻拒絕參加家族的掃墓活動，就連就讀師專時，還對外宣稱自己是「客家人」。

即使對未來悲觀，還是要樂觀行動

潘忠政原本只是小學老師，最為出名的事蹟，就是帶領桃園市西門國小的女排校隊拿下全國冠軍，從來沒有想到有一天會帶頭抗爭。直到四十歲時，他受到台灣教師聯盟註[4]的啟蒙，開始關心公共事務與環境運動，也終於勇敢承認自己就是平埔族。

然而，關心環境議題卻為潘忠政惹來爭議，不僅夥伴們曾遭受黑道威脅，他也被當時的鄉長狀告上級，批評他為人師表，卻阻礙地方發展，甚至遭到督學調查，雖然最後還他清白，卻不免承受莫名壓力，「我們是愛鄉行動，卻被當作擋人財路。」「即使對未來悲觀，還是要樂觀行動。」退休後，潘忠政成為全職的環境志工。目前搶救的藻礁區範圍，橫跨觀音鄉保生村和新屋鄉永興村，潘忠政希望當地居民能夠一起加入搶救行列，留給下一代美麗的藻礁海岸。

過去的潘忠政曾否定自己的血統，不敢揭露平埔族的身分祕密。經歷漫長的自我認同，他找到了身為「正港台灣人」的光榮感，也將守護土地視為最重要的使命。

註3——道卡斯人主要分布在新竹、苗栗、台中一帶的海岸平原區，分為竹塹、後壠、蓬山三個社群，在清代便已逐漸漢化。新港社係屬於後壠社群下的一支。

註4——台灣教師聯盟成立於一九九二年，由現職或離職的中小學教師所組成，在「認同台灣主權獨立」為主張之下，推動系列演講、座談及相關活動。

↗桃園縣觀音鄉一群志同道合的在地人組成「觀音文化工作陣」，他們熱心公益，愛護鄉土，帶領小朋友認識在地傳統產業。（楊宗灝攝／中國時報資料照片）

困境：政府的一紙公告，逾三年等不到

搶救千年藻礁的環保運動幾經波瀾，如今仍缺臨門一腳。潘忠政說，在二〇〇八年九月，農委會已經將「觀音藻礁區」列冊追蹤，只待桃園縣政府辦理地方說明會，即可公告為「自然保留區」。他們不解政府為何在之後三年半的時間內，沒有任何動作，坐視藻礁生態受到破壞與生存威脅。

原本不被重視的觀音藻礁區，當年因為中油輸油管線工程破壞礁體，在農委會特生中心劉靜榆博士揭發奔走下，才受到各界矚目。包括「蠻野心足生態協會」在內等八個環保團體串連，向政府申請設立「自然保留區」。在各方的民意壓力下，農委會也同意列冊追蹤。當初申請的藻礁保留區範圍，坐落於桃園縣觀音鄉外海海岸，小飯壢溪口南岸至後湖溪口北岸（即永安漁港以北），寬度約五百公尺，高約四公尺，面積約一百公頃，但申請案迄今仍沒有結果。

觀音藻礁區不僅面臨生存威脅，連帶藻礁海域的生物數量和種類也在減少。桃園縣政府對外宣稱已經將保護藻礁列為重要施政工作之一，但民間團體依舊不滿。潘忠政氣憤地說，農委會每年撥款一百五十萬元給桃園縣政府，辦理評估劃設藻礁區的相關工作，縣政府在二〇〇九年和二〇一〇年都全數繳回，直到二〇一一年因為民間團體關心後，緊急辦理兩次招標，但最後都是流標收場。

由於農委會和桃園縣政府各自都有公告自然保留區的權限，農委會強調尊重地方政府，不願逕行劃設。如果桃園縣政府遲遲不作為，潘忠政說，他們也會繼續向農委會施壓，為自然環境盡一份心力。

↖觀音鄉民為了反對設立中油煉油廠，展開聯署活動，連比丘尼也上街聲援。（潘忠政提供）

突圍：組河流巡守隊，環保老兵再出發

一九九三年，當時是新坡國小老師的潘忠政，和一群朋友組成「觀音文化工作陣」，以推動當地的環境保護運動。他們自掏腰包編印「觀音人」社區報，發行量曾高達五千份。因為環保運動的挫敗，潘忠政等人一度沉寂，如今組織「大堀溪文化協會」，這群「環保老兵」從關懷溪流重新出發，也希望找回愛鄉愛土的社區力量。

觀音鄉原本擁有美麗的海岸線，但長期面對工業區開發威脅與汙染，不僅河流髒了，美麗的海岸消失了，還有傾倒廢土和盜採砂石等事件。潘忠政和八位地方人士自許發揮「唐吉軻德精神」，每人每月出資一萬元，創辦社區報，揭發環境汙染與關心地方文史議題。他們深入偏僻巷弄發放社區報，甚至還常常被狗追咬。不過他們的努力逐漸獲得地方認同，不僅會員數增加，民眾也慷慨解囊。然而，觀塘工業區開發案的通過，重挫觀音鄉的環保運動。在心灰意冷之下，潘忠政也暫時退出，全心關注孩子的學業。

「或許是休息夠了，但我的心還不死吧！」二〇〇八年，潘忠政退休後，重新找回昔日的戰友，這次從關心觀音鄉最長的大堀溪出發，組織河流巡守隊，檢舉不肖的汙染廠商，希望能恢復昔日溪流清澈迷人的模樣，讓大堀溪有魚的蹤跡。潘忠政說，過去的環保運動範圍太大，如今從關心一條河流開始做起，希望能發揮良性的循環，扭轉觀音鄉的命運。

大堀溪文化協會於二〇一一年開始發動反中油煉油廠的行動，也關心藻礁議題。潘忠政強調，他們始終都不缺經費，也有不少觀音鄉出身的社會名流願意聲援，包括中研院院士廖運範與弘誓學院的法師釋昭慧等，「我始終不孤單，因為環保運動有許多好夥伴。」

動員，齊步走

行動指南

前往桃園縣觀音鄉海岸，實地觀察海岸生態遭受工業區破壞的情形。

加入「搶救觀新藻礁」、「還我有魚的溪流」、「我是觀音人」Facebook粉絲專頁，了解最新訊息。

官方網址

桃園在地聯盟 http://www.dksi.org

參觀資訊

富林溪口——台61線快速道路南下平面道路40公里處的小道右轉到底，可趁乾潮前後各兩小時期間，觀察工業汙染對藻礁的影響。（潘忠政資訊提供）

抗「徵」喚醒公民意識

受訪◎洪箱、洪江波　對談◎吳念真　執筆◎黃奕瀠

希望大家多吃友善環境的農產品，用吃改變未來。

洪箱　　洪江波

支持
灣寶
鄉土
愛護

苗栗縣後龍鎮

新故鄉動員令

動員者──洪箱，農民，並擔任苗栗灣寶里社區發展協會理事長。**洪江波**，畫家，並擔任灣寶人文藝術工作室負責人。

動員組織──苗栗灣寶里社區發展協會，1996年創立。

基地：苗栗縣後龍鎮 **面積**：76平方公里 **人口數**：38,773人 **人口密度**：511人/平方公里 **平均年齡**：41歲（資料來源：內政部資料至2012年11月底）

政府徵地近年常引起重大爭議，苗栗後龍的灣寶社區二十年來遇上兩次土地徵收案都「全身而退」，創下歷史紀錄。灣寶農民團結一心守護農村價值，也被外界譽為「公民典範」。帶領抗爭的灣寶社區發展協會理事長洪箱則被選為二〇一一年的年度「社運風雲人物」，但她不為此驕傲，反而感嘆：「到底是什麼樣的政府，逼得我們這些歐巴桑上街頭？」洪箱從平凡農婦，變成一個站上街頭為農村議題侃侃而談的社運領袖，她卻說，自己只是為了感念外界幫忙擋下徵收案；為了回饋社會，她也決心將灣寶打造成健康農業區，開放給大家體驗農村生活。

多年耕耘變良田，土地無價不願賣

灣寶位處中港溪口南側，是個「飛沙走石」的近海荒地，農民總頂著冷冽的東北季風割芒草、做風圍，開墾勤作。原本只能種西瓜、番薯和花生的沙地，土地重劃後，經農民用心呵護、囤土，變成一畝畝良田。「我們對土地的感情，就是這樣一個鋤頭一個鋤頭累積的。」畢生務農的洪箱強調，這種流汗耕耘的甘苦，不是他人可以想像的。

然而，一九九五年，因為新竹科學園區四期開發計畫，一紙徵收命令下來，便要將這一大塊農地劃為科學園區。「彼時時機正好，年輕人認為種田沒用，在外謀生。老人家於是擔心上一代傳下的土地不保。」當時擔任鎮民代表的洪箱指出，政府以此地「鳥不生蛋」為由，欲以地價加四成徵收農地，但老農們堅決不賣。

↗灣寶居民用行動愛護鄉土。前排右三為洪箱，右一為洪箱丈夫張木村。（胡慕情提供）

土生土長，恐嚇謠言她不怕

「彼時正過年，他們牽起我的手說，箱啊，你千萬嘸通甲阮放。」老農以厚實的掌繭溫暖洪箱，他們懇求的面孔激勵這位書讀不多的農婦，挺身對抗政治壓力、恐嚇和謠言。從夜半的鈴聲、門外的叫罵到電線桿上的紙條，甚至是有線電視的走馬燈，都辱罵洪箱是阻擋後龍發展的罪人，但她背脊更挺：「我是灣寶居民選出來的，應當為他們說話。」

洪箱土生土長，嫁人也嫁給同鄉，對土地的感情不言可喻，直言就算死也要在這裡，意志力強悍無比。她和當時國科會主委薛香川談判：若有七成不同意，徵收案撤回，薛香川同意。灣寶農民因而積極動員，簽署不同意書的高達九成，終讓這起土地徵收撤案。

但彷彿老天爺懷疑灣寶居民對土地的信仰一般，二〇〇八年再度出現土地徵收考驗。村民們利用網路到中央部會查資料，發覺「政府要的土地，沒有要不到的」，幾乎要絕望。

「這次是縣長劉政鴻要設後龍科技工業區。」洪箱憤怒表示，灣寶居民已經拒絕一次土地徵收，這次地方政府再次以強硬姿態出現，讓她難過又疑惑：「過去日本政府要如何就如何，國民黨來了也一樣，人民都將政府當作最高權力，認定怎麼反抗都沒有用了。」

↗張木村守護灣寶，不遺餘力。（胡慕情提供）

↗不滿土地被政府強制徵收，灣寶居民數次上街抗議。（洪江波提供）

↗為了捍衛家鄉土地，洪箱（中）與丈夫張木村（見右頁圖）相互扶持，挺過一次又一次的抗爭行動。（胡慕情提供）

捍衛家園，年輕世代也加入

但和上次抗爭不同的是，年輕世代帶著發達的網路媒介一起加入。回鄉十三年的畫家洪江波平日愛賞鳥拍照，透過環保生態愛好者的網絡向外求援。而洪箱夫婦的兒子也運用這世代擅長的網路工具，蒐集資料並串連。

洪江波表示，這次他們盡可能讓資訊透明，傳播出去，讓外人沒有抹黑的餘地，也讓整個社會知道他們發生什麼事。環保團體、專家學者甚至大學生串連起來，共同聲援灣寶。廖本全等學者專家在環評會議中力爭，也在土地變更審查會議中提出諸多不合理。二〇一二年四月十四日，這起土地變更案在營建署會議中被駁回，在外緊張守候的灣寶農民喜極而泣，在營建署前深深一鞠躬感謝天地。這場三年抗爭，歡喜落幕。

「我從這次抗爭經驗中學到很多，學到如何保護自己的財產。」洪箱說多虧社會各界給予他們支援，灣寶這整塊農地等於是大家一起保下來的，因此，他們規畫了許多活動，想了很多回饋社會的方式，想讓大眾都體會農村的好。被啟蒙了的農民，知道再也不能被政府牽著走，他們的土地和未來的路，要自己來決定。

土地是身心安頓的根，灣寶人堅守信念

灣寶古地名叫「苦楝腳」，意指「苦楝樹下」，苦楝樹是這裡的特色。灣寶農路兩旁，幾年前種下了代表灣寶的樹種，洪箱的丈夫張木村[註1]說，盼它們長成後，成為林蔭大道，

不但可以在樹下乘涼喝咖啡，也能讓前來參加西瓜節的客人乘涼，「灣寶農路開闊，都是洪箱擔任民意代表時拓寬的。」張木村表示，地主們為了公共利益，二話不說，無償撥出土地，但遇上土地徵收案，灣寶地主們也展現團結，力保土地。

農路旁四處貼著農村陣線聯盟[註2]製作的春聯「身土不二」，那是張家兒子貼的。第一次因竹科四期要被徵收土地時，長子才國中，不料剛退伍，又遇上土地徵收案，洪箱探詢兒子是希望賣地得到財產，或扛起守護土地的責任？他想都不想就回應：「肖仔，誰要賣地?!」不只兒子，連出嫁的女兒也當起後盾。

註1——張木村於二〇一三年一月因病過世，得年五十七歲。

註2——二〇〇八年，立法院通過《農村再生條例》，促使農村陣線聯盟成立，成員包括農民、學者、律師、在學學生、媒體工作者等所有關心台灣農村發展的各方人士。該聯盟成員除了組成讀書會，也實際參與各地農地徵收自救會、走入農村作田野調查，並期望他們的行動，能讓台灣的政府與民眾正視台灣農村的多元服務價值。

↗灣寶農民捐出土地拓寬農路，並在兩旁種植苦楝樹，成了一條美麗的林蔭大道。（洪江波提供）

三代護地史，盼抗爭到此為止

若算起洪箱一家人的「護地史」，兒女已是第三代。張木村夫婦在第一次徵收案中，和高齡的父母一起出面抗爭。「灣寶這個地方是光復前後才開墾的，父母用心將荒地變良田。我自己也跟著下田，經歷土質改良的過程。」擔任公職的張木村白天上班，下班後就去耕種、巡田，一刻不得閒，對田地的感情非言語可形容，「土地如果被徵收，我真的不甘心。」

第二次土地徵收發生時，張木村的父親已去世，母親身體也不行，他灰心不已，洩氣地什麼都不想做，還罹患憂鬱症。而同樣剛從公家機關退休、後擔任自救會會長的陳幸雄，則一個月內瘦了九公斤。不過，妻子洪箱不放棄，而張家第三代則偕同洪江波等年輕村民一起接下責任，拉開聲援網絡，鼓舞這些失去鬥志的長輩，也寫下了灣寶三代護地傳奇。如今，他們只希望，為土地抗爭，到這一代為止。

↗灣寶的田園，是提供都市孩子們了解食物來源的最佳場所。（洪江波提供）

↗努力開墾照顧土地，灣寶農民對土地的感情不言可喻。（胡慕情提供）

困境：「政府也是人做的，難道不用吃米？」

吳念真好奇：「抗爭到這裡都結束了嗎？」洪箱不置可否，表示政治人物可能還沒放棄。

灣寶抗爭之時，台灣從北到南的農村幾乎都「出代誌」。灣寶的團結一心，成為公民典範，也是農民抗爭的希望所在，苗栗大埔、彰化相思寮[註3]，甚至台東都蘭都有人來灣寶取經，「自己背黃金甕還幫人看風水。」洪箱自嘲自身難保還得相互鼓勵。畢竟，灣寶的困境，是台灣農業和農地共同的困境。

然而，灣寶能「全身而退」，是大埔農地的犧牲換來的。若非苗栗縣政府以怪手蠻橫剷除成熟稻糧、刨開豐收的農地，也不會激起社會強大輿論，逼得大眾正視農地徵收的不義。

以灣寶第二次土地徵收為例，案子在一九八七年便被偷偷送到中央審查，當地居民完全不曉得有環評程序在進行，直到收到「地上物查估通知單」，才知道土地將被徵收。此時，居民才動了起來，發出反對聲音。

「政府也是人做的，難道不用吃米？」洪箱不停罵政府一直設工業區，不懂農業的好，「對農民來說，農業就是他們的工作權。」她強調，灣寶農民願意為了公共利益捐地闢農路，出讓土地絕不是錢的算計，而連大學生都知道氣候變遷、糧食短缺，了解這時代將面臨的危機，但是，「為什麼政府就是不懂土地的價值？」

註3——國科會選定彰化二林六百三十一公頃土地，開發四期中部科學園區，位於基地上的相思寮，因「農業聚落與科學園區意象不符」的理由，被要求強制搬遷，因而引發在地農民群起抗議。

↖西瓜園中的洪箱。（洪江波提供）

突圍：忙農活，西瓜蘿蔔匯聚力量

一波又一波的農業議題，一次又一次的街頭抗爭，捲動的是一批又一批農業生力軍加入。學生們在假期內組成各種訪問調查小組或營隊，下鄉理解農業、體驗農活，這是吳念真那一代無法想像的：「一九七〇年代時，有很多作家、作品擔憂著那些對土地失去感情的年輕人。」不料，這一代卻是年輕人為農民挺身而出，守護農村。

人稱「波哥」的洪江波，是灣寶的新科農夫。他構思著農村生活和人文教育結合的藍圖，好讓孩子對土地產生感情。這兩年，他開起「魔法學院」，策畫「為西瓜找主人」活動，讓都市裡的大人帶著小孩，來灣寶種下「自己的西瓜」。孩子們灑在田野間的期待歡笑，或許將成為土地守護的種子。

「現在的父母都很有智慧，讓小孩看著西瓜長大，好知道食物怎麼來的。」洪箱表示，這種體驗不是金錢可衡量的，否則，「光交通費就可買好多西瓜。」

為了讓更多人認識農村，波哥甚至要捐自己的地，蓋一間夢幻屋，只酌收些許清潔費，來灣寶的客人便可居住使用。除此之外，洪箱等農民還要提供休耕的地，讓有興趣的人體驗農作。

這樣的盛情，都能得到熱情回應。波哥每次在網路上公告「採花生」、「拔蘿蔔」等活動，總是一天不到，報名人數就超額，讓他們還得忙著張羅更多農活，好讓來灣寶的人都「有得忙」。洪箱也決心將灣寶打造成健康農業區，真正友善他們力保下來的土地。

動員，齊步走

行動指南

前往苗栗縣後龍鎮灣寶社區，實地感受農民堅持守護的土地及家園。
以消費支持灣寶社區的在地農產品。
加入灣寶人文藝術工作室Facebook粉絲專頁，了解最新活動訊息。

官方網址

灣寶人文藝術工作室 http://artistic.org.tw/wan/modules/weblog/

交通資訊

苗栗縣後龍鎮灣寶社區——地理位置◎位於苗栗縣後龍鎮東北側，沿台61線西濱快速道路或鐵路縱貫線（海線），均可進入社區，縱貫線在此設有大山火車站。

以音樂凝聚人心，廖添丁故鄉文化造鎮

受訪◎吳長錕　對談◎小野　執筆◎楊舒媚

攜手同行，築夢踏實，為後代子孫留下珍貴文化遺產。

吳長錕

台中市清水區

新故鄉動員令

動員者──吳長錕，在清水經營華笙音樂城，長期投入家鄉的社區營造工作，現任牛罵頭文化協進會理事長。

動員組織──牛罵頭文化協進會，1994年創立。

基地：台中市清水區 **面積**：64.17平方公里 **人口數**：85,712人 **人口密度**：1,336人/平方公里 **平均年齡**：38歲（資料來源：內政部資料至2012年11月底）

台灣愈來愈常面臨「老東西」與「新建設」孰輕孰重的爭議。小野認為，「很多老東西被毀掉，是因為對歷史無知，當大家知道其歷史價值時，應該要毫不猶豫地將它留下來。」在台中清水，有一群人以捍衛「老東西」為職志，他們組成「牛罵頭文化協進會」，抱持對先人感恩的心情，踏實築夢，期望能將過去的美好，繼續傳承給下一代。

失落五十年，清水文化變隱性

牛罵頭文化協進會理事長吳長錕和小野，以廖添丁家鄉、古名「牛罵頭」的台中清水「文化造鎮」為引，從暢談老故事之中，就文化資產的存留與活化，激盪出彼此的看法。

「我們這一輩，從小被長輩灌輸『清水是文化小鎮』，聽起來好像比別人都神氣，但其實很納悶，清水的文化在哪裡？」清水於一九五〇年爭取成為縣府所在地時敗給豐原，吳長錕指出：「五十年間，清水幾乎沒有重大建設，文化由顯性變成隱性，處於『失落的五十年』裡的我們，什麼都沒看到。」

「人因不知道自己是誰而虛無。」吳長錕說，他和牛罵頭協進會一群朋友，因此各自開始去記錄清水，前後花了十年時間，建構出清水文化資料庫。

在這記錄的過程中有不少有趣的發現，例如，清水古名為什麼叫牛罵頭？「原來根據十七世紀統治台灣的荷蘭人紀錄，平埔族把這地方叫做gomach，台語念起來就是『牛罵頭』。」一直到今天，清水還留有牛罵頭遺址，吳長錕表示：「這裡至少有四千五百年這麼久的歷史。」

↗清水造鎮極力兼顧深度與美感。圖為清水趙宅，是賞荷與觀賞泉州式建築的最佳去處。（吳長錕提供）

吳長錕等人又發現，清代大批漢人來台開墾，造就了清水商業市街的出現。發跡於清水大街的蔡源順商號、蔡泉成商號、楊同興號及王家勝記等，在累積財富之餘，也不忘回饋鄉里，捐款興建鰲峰書院、文昌祠等文教設施，突顯了這些巨商對教育的重視。「清水人認為，這是牛罵頭文化非常重要的開啟。」

歷史人物被傳頌，現代青年成造鎮先鋒

一八九五年，基督教長老教會在此設立傳教據點，也傳入了西方文化。同時間日本開始殖民統治，後來把牛罵頭改名「清水」。吳長錕表示：「日本人發現，清水人對公共事務非常積極，一九二九年成立的自來水廠，有一半資金來自民間。」除此之外，一九二〇年代的民主社會運動中，清水的仕紳蔡惠如、楊肇嘉也參與其中，與林獻堂、蔣渭水、蔡培火等人共同爭取議會自治與言論自由，「蔡惠如、楊肇嘉為此散盡家財，是那段歷史中非常重要的火種。」

而在台灣民間傳說中家喻戶曉的人物廖添丁，也是出身於清水。吳長錕說：「廖添丁是我們尋找清水文化過程非常重要的元素，一個死掉一百多年的人還被傳頌，一定有他的歷史背景。」在清水，廖添丁不只是傳說中的「台灣義賊」，他的故居和戶籍清清楚楚存在。吳長錕等人以現代繪本，由清水輻射出廖添丁在其他地方如大稻埕的足跡，將那段台灣史做了一番別具趣味的呈現。

↗廖添丁是清水文化造鎮非常重要的元素。（陳志東攝）

↖清水大街是帶動地方發展的源頭。圖為日治時代進行路面修補工作。（牛罵頭文化協進會提供）

歷史返回現代，帶起清水文化造鎮風氣的先行者，非胡淑賢[註1]莫屬。胡淑賢和協進會的夥伴們，以十年時間建構的資料庫為劇本，策畫實際的行動，讓清水大舞台活了起來。例如他們發現清水人早有愛樂的傳統，大正九年（一九二〇年）楊肇嘉就在清水辦了第一場時髦的西洋式「鰲峰音樂會」。吳長錕表示：「我們去研究背景，發現那是可以成功的。」於是協進會透過社區網路宣傳，找不計報酬的音樂家協助，在一九九二年舉辦了現代清水的第一場音樂會，此後，「牛罵頭音樂節」成為清水造鎮重頭戲。

吳長錕說，當時為培養音樂會禮儀，「我們去募很多零碼鞋，居民進場時請他們把藍白拖換下；大家聽古典音樂不知道何時該拍拍手，你看我、我看你，於是在各角落安排『樁腳』，時間到了拚命拍手，現在大家都會拍了。」

念獸醫、愛音樂，做餅高手變文化推手

一直以來擔任牛罵頭文化協進會核心成員的吳長錕，是道道地地的清水人，家裡經營的糕餅舖，就開在清水的信仰中心紫雲巖旁邊。對他來說，兒時的記憶就是廟、遊戲和做餅這三件事。長大之後的吳長錕成為家裡的好幫手，幫忙做上幾萬斤的餅對他來說有如家常便飯。一九八三年自屏東農專（今屏東科技大學）獸醫科畢業之後，曾離鄉到台南新化省立畜產試驗所養了一年豬。後因父母希望他返鄉立業，於是一九八六年回到清水小鎮經營音樂行，一邊擔任文化志工，至今也過了二十六個年頭。

音樂是吳長錕的愛好，特別是古典音樂，因此相較其他同行，吳長錕的店裡對古典音

樂特別著墨，許多中部的愛樂同好會特地去找他，他就擺上兩張長桌，結果音樂行變「沙龍」。吳長錕說：「開始有人不想只聽罐頭音樂，於是我們包車去台北聽音樂；開始有人想辦音樂會，於是我們辦起牛罵頭音樂節，一步一步地，講廖添丁、買油庫、救溼地，做起了文化造鎮。」

保存大楊油庫，見證台灣參與越戰

搶救大楊油庫是清水另一齣大戲。吳長錕指出，現在很多年輕人不知道越戰是什麼，和台灣又有什麼關係？但是，存在於清水多年的大楊油庫，卻是說明越戰與台灣關係的真實證物。他解釋：「其實美國打越戰時，為了讓飛機油料足夠，先用油輪把油料從美國運到台中高美海域，然後透過輸油管及加壓設備，把油打到四、五公里山上的油槽，那就是大楊油庫。」

註1——胡淑賢，一九五五年生，新竹人，前清水高中歷史老師。一九九二年創立台中縣古典音樂協會，一九九四年與吳長錕、林寶琴等人創立牛罵頭文化協進會，並擔任首任理事長，任內推行多項音樂與文化活動，帶動清水的藝文風氣。二〇一二年因病過世。

↗牛罵頭文化協進會所搶救的大楊油庫，見證了台灣在越戰中扮演的角色。（陳世宗攝）

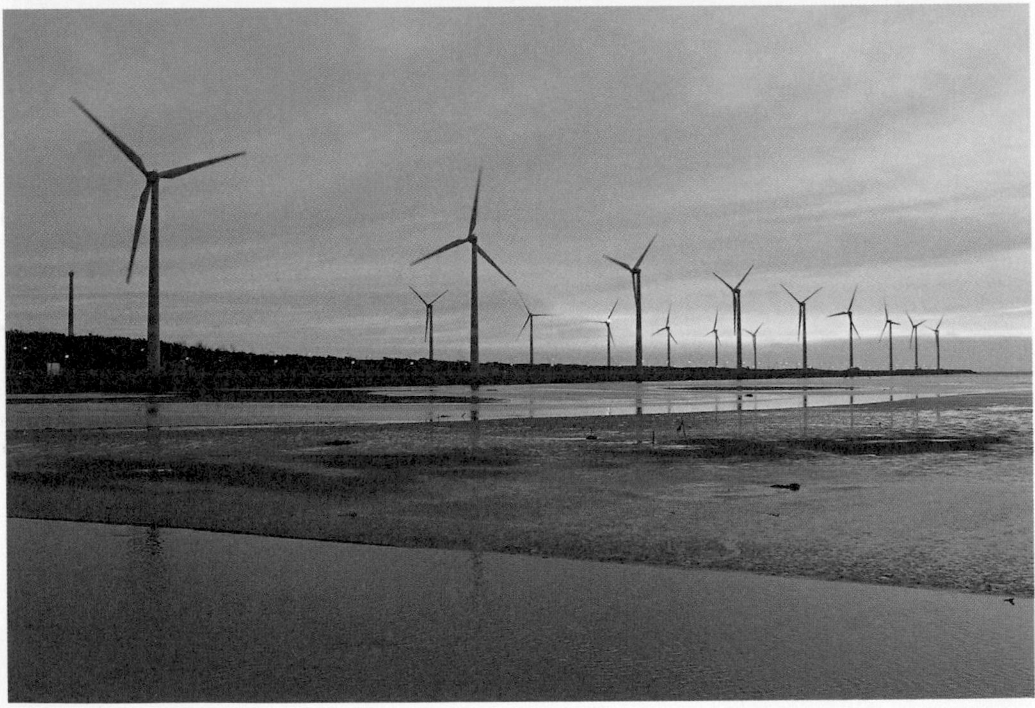

二〇〇〇年，軍方計畫拆除廢棄油槽（共七座），但協進會認為那是歷史證物，於是發起保存運動。吳長錕說：「我們召集了六百位民眾，透過認股方式，出資六十萬把其中一座油庫買下，使台灣參與越戰的見證得以存留。」

搶救高美溼地，吸引百萬遊客景點

清水造鎮另一個遠近馳名的事件，是搶救高美溼地的生態與文化結合戰役。高美一九九六年被規畫興建發電廠，協進會發起抗議，以拖待變，拖得廠商因財務問題放棄計畫，高美也在二〇〇四年被公告規畫為「高美野生動物保護區」。而今高美的夕陽、沙灘、涼風，成為每年吸引百萬遊客的知名觀光點。

聽著吳長錕娓娓道來的清水故事，小野說：「一個小小的鎮，辦音樂節、保存油庫、搶救溼地，給我最大的啟示是，有些事情開始以為是災難，但經努力後，竟成為轉機。」吳長錕表示：「其實祖先留給我們很多，是看我們會不會感恩，會不會踏實築夢，創造機會，將它留給下一代。」

↗景致如畫的高美溼地，是清水由環境保護走向文化保存的重要根據地。（上圖陳世宗攝、下圖吳長錕提供）

困境：講究深度或文創包裝，尋找平衡點

對吳長錕而言，從事清水文化造鎮至今，最常面對的兩難，就是「到底是要琢磨文化的深沉，還是要講究包裝、行銷得美美的？」

吳長錕表示，把清水與台灣史串起來後，「它變成立體的，不用死背。我女兒在課堂上講到牛罵頭遺址就很高興，因為她可以講得比老師還多。」吳長錕深刻體會，文化必須是「深深地從台灣長出來的事」。但清水經「五十年失落」，文化變成隱性，包裝、轉型是必須，只是「我又常看到很多文創搞得『假兮兮』的，不『根深柢固』。」因此吳長錕與夥伴們陷入矛盾，「要講究深度，還是引人注意？」

吳長錕不諱言，他們不斷在找平衡點，「我相信我們比其他人更有機會，因為我們花很多時間做文化紀錄，能找出更特有的東西。」找出這個平衡點，或許能讓新一代有留在家鄉更大的動力，至少也讓下一代知道，清水為台灣做了許多事，然後由清水出發，連結台灣，為台灣留下一些東西。

↗清水人愛樂，日治大正時期便辦了第一場鰲峰音樂會。（牛罵頭文化協進會提供）

突圍：記錄、推廣、收成，三十年清水運動方程式

牛罵頭文化協進會在台中清水進行文化造鎮，以「三十年清水」為運動方法。理事長吳長錕表示：「三十年清水是指花十年時間記錄、十年推廣、最後十年收成。」他說：「一個人的風華歲月差不多是三十年。」

吳長錕指出，「三十年清水」的概念來由，必須回溯到搶救清水歷史名人楊肇嘉故居事件。楊肇嘉是台灣一九二〇年代從事民主、民族自覺運動的代表人物之一，許多在台灣文化史上具有重要地位的藝術家，如畫家陳澄波、雕刻家黃土水、音樂家江文也，都是楊肇嘉運用財力，以兼顧創作者尊嚴的方法，將他們的作品保存下來。一九九五年，楊肇嘉故居面臨拆除危機，協進會參加了一場公聽會，會中討論的主題集中在要不要保留楊肇嘉故居，最後開會結論是要「就地保存」。

不料，「兩週後，圍牆被打掉了，東西被偷了。」脾氣好的吳長錕愈講愈顯情緒，「這對我們當時開始從事所謂文化復興的人來說，滿震撼的，我們體悟到，光靠『搶救』是不大有效的。」有鑒於此，他們決定先對清水做全紀錄，前後花十年的時間建構文化資料庫，作為建構論述的籌碼。接著第二個十年，是大家了解清水後，遇到有破壞文化、生態舉動時，地方人士就會自動挺身而出或找他們合作。吳長錕特別強調，過程中他們不向官方申請任何計畫補助，堅持以自己的方式去愛鄉土，如今，「可以說已進入成熟、收成階段。」

動員，齊步走

行動指南

前往台中市清水區，實地走訪在地多元的文化資產。
參與牛罵頭文化協進會不定期舉辦的藝文活動。
加入「清水散步」Facebook粉絲專頁，了解最新活動訊息。

官方網址

清水散步 http://www.hsabc.com.tw

參觀資訊

高美野生動物保護區（高美溼地）——
◎地址：台中市清水區高美、大甲溪南岸◎開放時間：全年無休

在地旅遊諮詢站

清水旅行的店——
◎地址：台中市清水區文昌街18號 ◎電話：04-26222771
◎營業時間：10:00～22:00，每週二公休。

來坐海牛車吃蚵仔

受訪◎蔡嘉陽　對談◎小野　執筆◎楊舒媚

環境保護是更好、更永續的經濟發展，不要用金錢去販賣珍貴的價值。

蔡嘉陽

彰化縣芳苑鄉

動員者——蔡嘉陽，東海大學環工系畢業，現任彰化縣環境保護聯盟副理事長。
動員組織——彰化縣環境保護聯盟，1987年創立。
基地：彰化縣芳苑鄉 **面積**：91平方公里 **人口數**：35,397人 **人口密度**：387人/平方公里 **平均年齡**：43歲（資料來源：內政部資料至2012年11月底）

新故鄉動員令

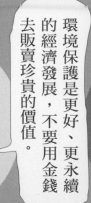

「國光石化停建的這個結果，是我們搞社會運動的人不敢相信的。」小野說。在馬總統面前疾呼保存溼地的彰化環保聯盟副理事長蔡嘉陽，被視為反國光石化戰役的重要功臣，並當選社運年度風雲人物。這位點子多、洋溢十足戰鬥力的「彰化海岸守護神」，熱情邀請大家到芳苑體驗溼地生態，坐牛車出海吃蚵仔。

燃眉之急已解除，在地改造訴求新登場

反國光石化運動，讓彰化縣芳苑鄉、大城鄉的海邊溼地為國人知悉，小野說，都市長大的他曾受詩人吳晟之邀去芳苑走一趟，當時坐牛車、看溼地及潮間帶，「同一個地方，出發的時候泡在水裡，回來時竟變成了陸地，那種滄海桑田的感覺，給我很大的衝擊。」

經過很多人的努力，馬總統親自宣布在這塊溼地上停建國光石化，蔡嘉陽表示：「一場燃眉之急的戰爭已經解除，但是，要花更長時間，讓在地能夠利用生態獲得新生契機的工作，才要開始。」

蔡嘉陽進一步提出新的在地改造訴求：「番仔挖坐海牛蚵車趴趴走」。他解釋：「番仔挖是芳苑的古地名，即平埔族語中凹凹凸凸會陷下去的土地的意思，從一六三六年荷蘭人繪製的一張台灣地圖，可看出荷蘭人早已發現濁水溪北岸彰化這一塊很大的潮間帶。」

↗蔡嘉陽說，全台灣唯一用海牛車載牡蠣的只有芳苑。（蔡嘉陽提供）

↗蚵農以海為田，辛勤照顧蚵棚。（劉宗龍攝／中國時報資料照片）

↗蔡嘉陽認為，推動「牛車產業文化」讓傳統可以被保存，當地人的生計也可以永續經營。（蔡嘉陽提供）

全台最寬潮間帶，生態絕無僅有

蔡嘉陽構想，以芳苑為動員基地，結合王功、芳苑、大城三個「番仔挖」社區，推動「牛車產業文化」，讓傳統可以被保存，當地人的生計也可以永續經營。

「很多人認為，這一塊地是爛泥巴，沒有用，其實不是這樣。」蔡嘉陽解釋，在環境上，「這裡潮差正負二點五公尺，是最寬的潮間帶，花東海岸、台灣東北角、南部墾丁都沒有這種地形，是全台灣絕無僅有的。」此外，地理課本上皆稱彰化、雲林沖積扇是魚米之鄉，「全台灣一半的稻米由此生產出來，可見這附近是供應全台灣糧食以及供應灌溉用水資源非常重要的土地。」

更重要的是，「這裡招潮蟹、彈塗魚密度非常高，也有養殖蛤蠣、文蛤等淺海捕撈的產業，如此的河口生態系，不輸熱帶雨林與珊瑚礁，具有全世界前三大生態系的生產力。」

海牛車、大杓鷸，只有芳苑看得到

反國光石化抗爭成功後，蔡嘉陽盼望在地人好好運用這塊土地的能量。他強調，因為這塊潮間帶很大，收牡蠣得走很遠，所以用牛車負重載蚵，但水牛走進水裡會賴著不出來，所以用黃牛，而這個傳統延續至今，「全台灣目前唯一用牛車載牡蠣的只有芳苑，它變成很重要的產業與文化特色。」

蔡嘉陽說，在地社群推動坐牛車看牡蠣田，因為「牛車不會驚嚇到招潮蟹，你也可以和牛車駕駛聊聊當地的特性、養牡蠣的甘苦」。然後，「我們這裡養的蚵，因為退潮時地是乾的，所以是『有曬過日光浴，紫外線殺菌過，比較健康、比較好吃』的珍珠蚵。」現在都市小孩，想要看到牛不容易，何況是坐牛車下到海裡。還有，「降落時像一大片雪花落下的台灣珍貴鳥種大杓鷸，如今也只有芳苑看得到。」

他強調，用牛車和蚵仔經營令人感動的產業，「讓更多人願意來這裡玩，就讓在地人賺更多錢，而不是覺得這裡風頭水尾，沒發展。」國光石化案過程中，政府寧願把溼地賣給財團賺取經濟利益，曾讓彰化民眾對家鄉和土地失去信心，如今透過一波波運動，「我們希望接著培養人們與土地的感情，並有尊嚴地站出來，認同這塊土地的價值。」

在彰化溼地上推動「番仔挖坐海牛蚵車趴趴走」之前，蔡嘉陽曾經想出以全民認股「溼地信託」方式保護白海豚[註1]；更早以前，他是台灣珍貴水鳥大杓鷸的守護者。因此，蔡嘉陽被稱為「彰化海岸守護神」。他住在鹿港，常帶著兒子在彰化溼地上趴趴走，「還好我有很好的老婆，因為有時候得靠她養。」

↗大杓鷸是台灣珍貴的水鳥。（蔡嘉陽提供）

被三千隻大杓鷸感動，決心守護彰化海岸

長期靠著稿費或演講等不穩定的收入過日子，其實是蔡嘉陽自己放棄了收入穩定的大學教書工作。蔡嘉陽畢業於東海環境工程系，小野說：「當年東海環工的分數是可以上醫科的。」但他卻甘願全職投入環境運動，蔡嘉陽說：「大杓鷸對我影響重大。」一九九五年，蔡嘉陽於彰化海邊看到三千隻大杓鷸，「牠們肚子是白色的，一大片降落時，像雪花那樣落下，我第一次被水鳥感動到掉眼淚。」但大杓鷸現在只剩六百多隻，足見海岸變遷對生態影響多大，而他認為：「今天的鳥類處境就是明日的人類。」

大杓鷸出走讓蔡嘉陽驚覺土地出了問題，加上他的啟蒙老師、也是台灣知名生態保育專家陳玉峰鼓勵他：「研究生態的人，不應該只在實驗室，要和土地站在一起。」所以他打定主意，要去保護大杓鷸，甚至連兒子都取名為「韶育」（與「杓鷸」同音），他說：「我要讓曾經感動自己的生態能夠世代生存。」

蔡嘉陽接續投入反彰濱發電廠等運動，因阻礙部分人利益，曾被罵成是「彰化的敗類」，他不曾後悔，「榮辱由人評斷，只希望透過這樣的努力，讓更多人思考。」

註1——棲息於台灣中部沿海地區的白海豚，為瀕臨絕種的保育動物，國光石化公司預定在濁水溪口興建輕油裂解廠，對白海豚的生存將構成嚴重威脅。二〇一〇年四月由彰化縣環境保護聯盟等多個環保團體發起「全民認股」運動，以國民信託的方式認股買地，防止國土被不當開發使用。同年八月底已募集兩百萬股、新台幣兩億三千八百萬元的認股意願書。

困境：「總統必須自己體會，這泥灘地有多珍貴。」

蔡嘉陽分析，反國光石化運動過程中，他們改變過去環境運動只重抗爭的手段，想出保護白海豚等更多人接受的訴求，讓全民願意一起投入。同時他們也搞清楚法定程序，想出有力論述，並透過網路等工具散布想法與行動。

拖延官方決策後，蔡嘉陽強調，最後關鍵在最高決策者，於是他們想辦法要把聲音傳給馬英九總統。「當我們到總統府向馬英九解釋國光石化是犧牲台灣水資源與健康換來的流血輸出時，可以感受到『總統有很大的震撼』。」過程中，他們也邀請馬英九親自到溼地，「馬總統吃現剝蚵仔，腳踏在泥灘地裡，他必須自己體會這泥灘地有多珍貴。」

有趣的是，抗爭成功後，蔡嘉陽等人反而接到行政院研考會的要求，希望提供反國光石化的運動方法，「說是要做為日後公務人員訓練的教材。」

↗蔡嘉陽的名片背後，印有「彰化海岸潮汐表」，因為在溼地上過日子，不論是搭海牛車、賞水鳥，都得配合漲退潮。（蔡嘉陽提供）

突圍：不賣地給財團，也有永續的財富

蔡嘉陽強調，反國光石化雖對行政決策產生影響，但有得有失，「因剛打完國光石化，政府對我們這些環保團體還有戒心。」政府對環保團體更加敏感、產生戒心，環保團體要如何推動在地社區工作？蔡嘉陽的突圍之道是：「讓在地重新認識永續的價值，知道這個也可以賺錢，而且可以賺更久的錢。」

首先，是「讓年輕人站出來」，畢竟年輕人才是在地能夠延續的力量。為了讓年輕人願意返鄉，他們先培養年輕人成為在地文史工作者，同時成立「牛車班」，讓之前因為金融海嘯回鄉的年輕人可以輪流載客，「加上捕螃蟹一天也可以收入一、兩千塊，這樣在當地就可以過很不錯的生活了。」此舉主要是讓少年人接收當地老人家的傳統智慧，繼續從事現有的農漁業。

「第二階段為吸引中、小學到芳苑做環境教育。」蔡嘉陽表示，《環境教育法》通過後，「經過環境教育的認證，讓這裡變成穩定、龐大的市場，這樣就可以給在地很好的資源，中期也可以創造出在地的價值。」

蔡嘉陽強調，先把在地力量營運起來，然後作環境教育，最後才做比較消耗性的生態旅遊。總之，讓在地重新認識永續的價值，知道這個也可以賺錢，而且可以賺更久的錢，而不是把土地賣給財團去蓋石化業，這才是讓彰化海岸溼地永續發展之道。

↗海牛車是芳苑的特色。（蔡嘉陽提供）

動員，齊步走

行動指南

前往彰化縣芳苑鄉，實地體驗台灣西部海岸的產業文化與溼地生態。

加入彰化縣環境保護聯盟Facebook粉絲專頁，了解最新活動訊息。

官方網址

彰化縣環境保護聯盟 http://cepu49.webnode.tw/

交通資訊

彰化縣芳苑鄉——◎地理位置：位在彰化縣西邊靠海，沿省道台17線可進入鄉境。

美哉朴子溪，親水桃花源

受訪◎謝敏政　對談◎吳念真　執筆◎江慧真

謝敏政

海洋國家快樂出航，河川溪流不再「危險」！

嘉義縣東石鄉

新故鄉動員令

動員者——謝敏政，船仔頭藝術村文教基金會發起人，現任記者及基金會董事。
動員組織——船仔頭藝術村文教基金會，1994年創立。
基地：嘉義縣東石鄉 **面積**：81.6平方公里 **人口數**：26,752人 **人口密度**：328人/平方公里 **平均年齡**：44歲（資料來源：內政部資料至2012年11月底）

兩百年前，朴子溪是東石港通往內陸的主要交通要道，曾任自立、中時報系記者的謝敏政，從小在這條溪裡「摸蜊仔兼洗褲」，然而朴子溪後來卻變成汙染嚴重的「全台九大汙染河川」之一；到宜蘭跑新聞時，他看到冬山河整治成功，成為當地人口中驕傲光榮的宜蘭經驗，既羨慕又感慨。位於朴子溪旁的船仔頭，是典型三合院傳統村落，最盛時期人口多達五、六百人，後來人口外流，只剩不到一百人。眼見童年溪流變成「黑龍江」，家鄉就要「散村」，讓謝敏政毅然返鄉。

海洋國家，孩童卻望水生怯

謝敏政不解，台灣是海洋國家，河流多、溼地美，但長期以來卻不親水。政府為了省事，永遠在台灣各大河川旁，立個「危險」的牌子，因此，「水流湍急」、「水域危險」、「水深勿近」的牌子到處林立，老人家怕危險，永遠不准家中小孩到溪裡玩水，嘉義觀光只見阿里山，鼓勵大家往山裡走；但近年水土保持失利，土石流改變了地貌。水，真的比山危險嗎？

吳念真有感而發，有一次，同為水鄉之國的荷蘭人來台，卻驚訝台灣人大多不懂游泳，鮮少利用河川水力，溪流也不見人划船。吳念真只好忙著解釋，從歷史淵源和地緣政治來看，「台灣的海洋自始至終都不是通路，而是一種屏障和隔絕，說穿了就是避免老共打過來用的！」

海洋國的小孩望水生怯，謝敏政始終不服氣。一九九四年，他回家探望長輩，人稱「秀

↗到東石船仔頭藝術村，可以坐龍舟遊朴子溪。（呂妍庭攝／中國時報資料照片）

姑婆」的祖母臥病在床，臨終前交代，船仔頭就要滅村了，老人家一年一年老去，小孩長大誰也不認識，離鄉年輕人回來家鄉都變了，阿嬤一句「你可以回來嗎？」讓他舉家回嘉義定居。

只有治水預算，沒有親水預算？

「以前當記者批評很容易，回家才發現地方資源有多貧乏！」謝敏政看著河畔盡是垃圾，要求環保局協助清理，只見官員兩手一攤，「你罵我也沒用，地方沒預算沒錢，連自有財源都不夠，怎可能整治河川？」謝敏政說，攤開地方建設經費大餅，「我們竟然只有治水預算，沒有親水預算？」

他開始自力救濟，但過去嘉義沒有焚化爐，家用垃圾全部往水裡倒，他只好買船買竹筏，帶著地方官和家鄉人一起河川巡禮，欣賞這片沿岸風光，紅樹林遍布、候鳥飛翔，終於感動前嘉義縣環保局長吳榮輝，回報中央，請當時的環保署長蔡勳雄想辦法，最後在環保署支持和時報基金會號召下，啟動河川整治，「光第一步的清理，就撈了兩萬噸的垃圾！」謝敏政說。

光有河面風光，沒人來親近，地方仍難以生存。謝敏政說，這其中有很嚴肅的民間習俗要突破，「老人家認為，划船很危險，因為溪底有魔神仔（水鬼）！」謝敏政和有共識、捐地捐錢的林啟南家族等地方耆老，組成「船仔頭藝術村文教基金會」，發起「新故鄉運動」，希望結合社區再造、農村再生，讓地方重現榮景，他說服地方農民，「不一定要靠

↗謝敏政希望帶領眾人認識河川之美。（謝敏政提供）

↖從清掃朴子溪開始，謝敏政期望能讓地方重現榮景。（謝敏政提供）

政府憐憫，每個月發六千元給你，我們可以開發民宿、觀光、牛車導覽，創造就業機會，年輕人就會回來。」

朴子溪找回清澈，獲選模範社區

在中央、地方政府和東石鄉公所努力下，朴子溪終於再造成功，東石鄉三十年划龍舟的歷史，再度重現，贏得「桃花源」稱號。船仔頭更主辦全國文藝季註[1]，以「船仔頭的呼喚」為主題，獲選全國十大環保模範社區。

養了兩艘龍舟、四條獨木舟的謝敏政，每天仍划竹筏捕撈垃圾，可說是朴子溪畔的船老大。他說，這個世外桃源，結合堤頂自行車道、市民農園、觀光牛車、三合院民宿，還可延伸到蒜頭糖廠和濱海風景區。啟動觀光龍船的他，要動員台灣人走出戶外，來趟不一樣的「朴子溪生態鄉村之旅」，擁抱河川之美，讓溪流不再是「危險」的！

從城市回到農村，小記者變大船東

謝敏政三十一歲娶老婆時，曾對外省老丈人和丈母娘發誓：「台北就是我的第二故鄉，我會在這裡生根立業！」但阿嬤的期許，滅村危機的憂慮，和那條滾滾「黑龍江」的呼喚，讓他食言了。

謝敏政是嘉義縣東石鄉的農家子弟，家中有三甲地，種了高粱玉米等雜糧，年輕時想留在故鄉，父母是不肯的，「堂堂的大學畢業生，幹嘛沒出息留在鄉下？」謝敏政當時決定回鄉，街坊鄉里無法理解，台灣農業直轉沒落，農村正在滅亡的十字路口，年輕人回家鄉，還有什麼出路？妻兒也很難諒解，「人家看你有兩艘龍舟、四條獨木舟，感覺是大船東，但辛苦這麼多年還是兩袖清風？」

但謝敏政始終樂觀，他說服老人家，嘉義靠山靠海都有風景區，農村空氣好、水好，還有二十公里的自行車道，不管是騎車慢活，還是划龍舟都很棒；年輕人可以開民宿，老人家可以當導覽：教都市人花生是怎麼種的，牛車要怎麼開，旁邊還有花生油工廠、糖廠，只要大家一起做，他相信一年四季觀光客將會絡繹不絕。

當「黑龍江」已清澈，鰲鼓溼地的候鳥年年都來時，誰說鄉下沒有生機呢？

註1——全國文藝季最早為教育部文化局主辦，以倫理道德為主題，以民族風格為表現形式。自一九八四年起改由行政院文化建設委員會主辦，廣邀知名藝文團體下鄉演出。一九九四年起改由各地文化中心找出在地特色，擬定活動主題，文建會則扮演支援角色。

↖嘉義縣東石鄉鰲鼓溼地，每年都有黑面琵鷺飛來過冬。（中國時報資料照片）

困境：回鄉一頭熱，被酸想選村長

一九九七年，謝敏政被環保署推舉為全國環保義工，受邀到總統府接受表揚。當時的總統李登輝親切閒聊問起：「你是哪裡人？」謝敏政回答：「我的家鄉總統來過很多次，但都是淹水的時候才來！」李登輝馬上回答：「喔，原來是嘉義縣東石鄉人。」

十多年過去，東石鄉朴子溪治水有成；靠山，可以到阿里山國家公園，靠海，可以連結到鰲鼓溼地，嘉義同時擁有了兩個風景區，現在社會開始注重生態，「以前，老說這裡鳥不生蛋，但現在，候鳥飛來了，冬天賞鳥的人也來了！」

但謝敏政剛回嘉義時，迎接他的不是家鄉的溫情，而是人情的冷暖。謝敏政回家的第一件事，是在溪邊立下告示牌，勸導鄰里不要丟垃圾，把宜蘭冬山河經驗帶入，提倡要做「親水公園」。但當時地方上冷言冷語，潑冷水的居多。

謝敏政說，在時報基金會整治河川小組的號召下，喚起社會對河川保護的水土意識，中央和地方才慢慢開始重視。這條路，謝敏政走得很辛苦，「當時我一頭熱，常常還有人懷疑，你做成這樣，是不是要回來選鄉長、村長？」

這條原本被判定為「黑龍江」的朴子溪，在謝敏政奔走努力下，中央和地方政府的態度，逐漸從「哀莫大於心死」，走到「把死馬當活馬醫」，最後變成嘉義縣長口中的「生命之河」。看著宜蘭有冬山河、高雄有愛河，嘉義人也開始有自信心和光榮感。

↖來自台北的小朋友，在船仔頭灌蟋蟀，享受田園樂趣。（莊哲權攝／中國時報資料照片）

突圍：建立救生員制度，安全出航去

謝敏政表示，海洋台灣，應該要快樂啟航！環視其他縣市如東北角、花蓮、墾丁和大鵬灣親水活動興盛，嘉義縣獨木舟委員會、帆船委員會、觀光龍舟也已經準備好水上航程：從漁筏載客巡禮外傘頂洲，到獨木舟體驗朴子溪河口的壽島海灘，或者只是單純的坐龍舟看看河上紅樹林風光、賞候鳥，享受桃花源樂趣。

擅長游泳、也擁有救生員執照的謝敏政呼籲，中央政府應該立刻建立救生員制度。嘉義朴子當地的救生員人數有四百多名，可說是全國第一高，但他們空有一身好水技，卻只淪為中央急難救助的最後一環，必須隨時配合中央政府的指令義務投入。如果將此打造成親水環境，建立救生員制度，能促進在地社區就業，提振當地經濟。

朴子溪河口的壽島海灘，在日治時期曾是海水浴場。河口溼地的白水湖堤防畔，養殖大面積牡蠣，從白水湖漁港向南延伸至布袋第三漁港，可綿延數公里，一直到白水湖南安檢所接上陸地。

謝敏政認為：「這樣美的景致，可以划獨木舟，也可騎鐵馬抵達，但壽島海灘缺乏相關導覽指標，需要有獨木舟教練和救生員陪同才能安全深入。」目前獨木舟協會已在嘉義培訓教練，並籌設獨木舟帆船學校，他認為，政府應重視海洋教育，選擇在嘉義扎根，由此揚帆啟航。

動員，齊步走

行動指南

前往嘉義縣東石鄉蔦松村船仔頭，實地體驗朴子溪的河岸景觀與農村風貌。

加入「青年壯遊台灣-船仔頭休閒藝術村」Facebook粉絲專頁，了解最新活動訊息。

官方網址

船仔頭藝術村文教基金會 http://www.chau-a-thau.org.tw

參觀資訊

船仔頭休閒藝術村——

◎地址：嘉義縣東石鄉蔦松村船仔頭13號（基金會會址）

◎電話：05-3702667（基金會電話）

紙風車第二哩路，再出發

受訪◎柯一正　對談◎吳念真、小野　執筆◎黃奕瀠

事情一定要做，
而且什麼時候做，
都不會太早。

柯一正

嘉義縣義竹鄉

新故鄉動員令

動員者──柯一正，知名電影導演，現任紙風車文教基金會董事長。
動員組織──紙風車文教基金會，1992年創立。
基地：嘉義縣義竹鄉 **面積**：79平方公里 **人口數**：20,194人 **人口密度**：255人/平方公里 **平均年齡**：46歲（資料來源：內政部資料至2012年11月底）

二〇一一年十二月，「紙風車三一九鄉村兒童藝術工程」在新北市萬里完成最後一場演出，台灣社會為之動容。但故事就這樣結束嗎？休息不過一年，紙風車文教基金會又朝第二哩路出發，只是這次不光是兒童劇表演，還有巡迴九百所國中的反毒演出，甚至連「課業輔導」都涉入，對這群「唐吉軻德」來說，眼前風車更巨大，他們不得不戰鬥，「因為我們虧欠下一代太多。」

再次挑戰，三個老朋友作夥「撩落去」

吳念真、小野和柯一正，這三個相交數十年的老男人，一見面便「鬥嘴鼓」。從台灣新電影時期，他們便以開拓者姿態，到今日已屆熟年，仍為了下一代並肩作戰，儘管言談間盡是消遣、嘲弄，但彼此不服輸、不認老的相惜之情，神情猶如不老騎士，讓聞者都羨慕這樣的好交情。

二〇〇六年，在紙風車文教基金會[註1]執行長李永豐的發動下，一群老男人「撩落去」為全台灣的孩子搞兒童劇，決心不靠政府僅靠民間募款，將國家戲劇院舞台規格的兒童劇，搬演給台灣各角落的孩子看。看似天方夜譚，紙風車卻做到了，花了五年走完「孩子的第一哩路」，也製造了這個世代孩子的「共同記憶」。

註1——紙風車文教基金會的前身為「紙風車劇坊」，於一九九二年由電影人徐立功、電影導演柯一正、戲劇編導羅北安、劇場編導李永豐、心理學家吳靜吉等人籌組；一九九八年成立基金會後，下設「紙風車劇團」、「綠光劇團」和「風動舞蹈劇場」，涵蓋了兒童戲劇、成人戲劇與現代舞蹈等多面向。另設有「兒童創造力工作室」及「表演學堂」，負責教育推廣及表演訓練。

↗紙風車劇團的經典兒童劇《紙風車幻想曲》中的唐吉軻德。（陳慶居翻攝／中國時報資料照片）

窮鄉僻壤中成長，童年往事印象深

柯一正的故鄉在嘉義縣義竹鄉，國小一年級後遷居台北。因而在吳念真的眼裡，柯一正像個都市雅痞，看不出鄉土氣息，即使如此，卻總記得他描述小牛出生時的活靈活現：「小牛剛出生時，四隻腿是軟的，站不起來一直摔，孩子們會一直加油。就像我們看動物頻道的小動物出生，會想你快站起來吧！危險隨時都在。」那是柯一正童年在義竹親見的場景，深刻難忘，甚至曾經將這一幕放進自己拍攝的電視劇裡，「我這輩子只要遇到困難，就想起那條牛的樣子。」

「義竹那裡窮鄉僻壤，什麼都沒有，一旦有打拳賣膏藥或變魔術的來，這些表演就變成你重要的生命記憶。」柯一正自己甚至一度想當魔術師，在他過去所導演的許多作品中，也都帶入這類的童年記憶。

正是因為省思到童年經驗對人格形塑的重要性，柯一正和吳念真都認可「演戲給自己的小孩子看」是號召到各界共同完成三一九鄉村兒童藝術工程的重要動力。

↖自小學時期便遷居到台北的嘉義義竹子弟柯一正。（中國時報資料照片）

↗完成三一九鄉村兒童藝術工程後，紙風車劇團朝向第二哩路出發，推出「拯救浮士德」計畫。（季志翔攝）

演反毒劇，教育青少年永遠不嫌早

然而，走完台灣一圈的時間，足以讓一個孩童從小學畢業，當初跟著尖叫大笑的孩子們已經長大，但還有更多小孩子等著看戲，大人們都在問：「什麼時候再來？」於是，不畏經濟寒冬，紙風車再度啟動「第二哩路」，只是在原本募款就已不容易的情況下，還同時將「反毒劇」和「課後輔導」也一起帶下鄉，更顯難關重重。但他們暫時無法考慮困難，先做再說，只因為在中南部，毒品氾濫和中輟生的問題已顯得刻不容緩。

「毒品是大人利用小孩的策略。」吳念真轉述一位調查局退休朋友的經驗指出，餵了一個小女生毒，她就可能因為毒癮而賣淫，所以必須知道毒品的途徑，才知道該在哪個關卡擋住，也讓孩子懂得猶豫警惕。

這是很大的工程。紙風車能做的，就是戲劇，「如果以教條式宣導，不易被記得，可是戲劇的意象讓人印象深刻，容易討論，效果好。」柯一正表示，販毒者總對沒有抵抗力的青少年下手，如果不盡早預防，毒品影響的年齡層將愈來愈低，「任何時候做都不算早，也不管會不會成功，一定要做。」

陪中輟生，補救十二年國教的缺陷

中輟生也是社會問題。過往的教育制度是透過聯考，篩選出適合並喜歡讀書的學生，被篩下來的孩子可以去當學徒、發展自己的專長，但當義務教育擴大到十二年，不適合教育

↗《唐吉軻德冒險故事——銀河天馬》將勇敢愛幻想的騎士搬上舞台，紙風車編導李永豐（右）、團長任建誠（左）扮成武士，中立者為紙風車董事長柯一正。（中國時報資料照片）

的學生跑不掉，即使不適應、聽不懂，還是得待在教室裡面，這會逼他們放棄而產生中輟問題。「總要有人在體制外陪伴他們。」吳念真說。而紙風車，正是想扮演這種角色。

「毒品和中輟生問題都很緊急，我們的生命都在消逝中，要做事，為什麼不一起做？」樂觀的柯一正清楚知道，反毒是在對抗背後一個龐大的勢力，課後輔導是在補救十二年國教的缺陷，這些問題都龐大到或許令人無力招架，但一想到已步入人生最後一個戰鬥階段，還是決定把握生命，非得做點什麼不可。

病榻前被求助，餘命感拚命做

六年前，柯一正因大腸癌開刀，還在醫院休養時，李永豐便捧著兒童藝術工程的計畫書到病榻前，請他幫忙，「我那時覺得已到生命末端，心想當然什麼都可以做，沒做完也沒關係，只要有做就行了。」或許是出於這種餘命感，柯一正總是強調在人生剩下不多的時間裡，能做多少就做多少，而且要快快樂樂地做。

除了紙風車的計畫外，「反核」是柯一正近來相當投入的社會議題。他總說，反核是他最後一個志業，「在吞下最後一口氣前，我一定要看到核電被廢掉。」二〇一二年六月，他便發動「我是人，我反核」快閃活動，引起相當大迴響，「我寧可用幽默創意來反核，這比較適合我。」

小野直說外表溫文儒雅的柯一正，內心非常憤怒，卻總是壓抑著：「就像是被水母咬到後，躲在暗處獨自舔傷口。」柯一正卻反駁：「我不憤怒，只是看不下去，會想跳出來做。」但他也說，雖然扛著很多事情在身上，但會如此義無反顧，也是因為包含小野在內的這麼一群老朋友都一起在做，「我喜歡這種親密的感情，我們的靠山不是背後有誰，而是我們在一起。」

把握生命，總要為下一代做點什麼

訪談到最後，這群熟年唐吉軻德感性了起來，直言他們這一代實在掠奪和享受太多，卻把這些債務留給了下一代，「我們是在補救。」

柯一正直言，這一代知識不夠，所以過往在農田施放太多毒藥，百年不滅，難道不該反悔嗎？毒品也是大人拿來殘害小孩，難道不該阻擋搶救？要做的太多，不知道能否走到盡頭，也不知道做得好不好，但總要嘗試，「人類就是這樣進化的」。

↖紙風車「拯救浮士德」計畫，深入校園推動反毒舞台劇。（季志翔攝）

困境：不景氣募款，大導演也得彎腰

當柯一正遇上吳念真，似乎會看見樂觀撞上悲觀所擦出的火花，在兩人的對談間，聞得出老男人之間的義氣相挺，愈是不可能，愈是要去做，也愈是要克服。

六年前，當時在為「紙風車三一九鄉村莊兒童藝術工程」募款時，兩位大導演都得拉下臉皮來，四處請託，如今，困難仍然是「錢」——特別是在不景氣的情況下，向人募款，特別為難。

柯一正回憶自己第一次和李永豐到一家企業去募款的情形：即便公司員工認為這件事很有意義，但董事長卻以「去年沒賺錢，能否給產品？」回應，挫了柯一正的氣。

「你會不會覺得挫折？」走出門，李永豐先幹譙後，轉問柯一正，不待回答便說了起來：「我大學考了七次，什麼都不怕，今天我一定要找到錢。」這段話感動了打算放棄的柯一正，他從此跟著慢慢厚臉皮起來，但也坦言：「真的很難。」吳念真也有類似的經驗，募款演講了半天，只有三千元的捐款，本來挫折，但也因而被激起鬥志，「拚給你看。」

但到了今天，吳念真還是先沒信心：「李永豐承諾太多事情了，什麼都要做，都要募款，以後所有人看到我們先躲。」樂觀的柯一正訝異：「我以為所有人看到我們都把錢掏出來。」吳念真笑說，這就是差別，樂觀的人是走到門口以為支票開完了還請吃便當，悲觀的人會考慮：該怎麼開口？

「但我覺得熱心腸的人還是熱心腸。」柯一正說，不景氣當然有影響，本來慷慨的人或許會考慮一下，但後來他可能會少留一點，卻還是會捐。樂觀或悲觀，誰料得準？只待上路後分曉。

突圍：為故鄉努力，遊子感情會生根

紙風車基金會創造的奇蹟，或許源於眾人對故鄉的感懷之情——從最初李永豐反思「布袋的孩子有沒有戲可看」，到四散各地的有心人士為故鄉的孩子創造機會，都是家鄉情的反饋和策動。「人們若是為了故鄉而努力，會有成就感。」柯一正說，新北市金山區就是很好的一個例子。

為了讓紙風車劇團來金山，年輕人組織了起來，聯合各商家在門前放捐款箱，也因為如此，這些發動者後來都變成好朋友，甚至還將金山的房子整理成民宿或藝術展覽館。吳念真認為，每一個人集結起來，就是一種共同意念，也會因而聚成強大的力量。「這很重要，而且，自己的意念也在家鄉生了根。」柯一正說，在外的遊子也因此搬回故鄉、親近故鄉。

像這樣的意念，正是改變故鄉的力量。吳念真表示，選舉文化或許影響了社會觀念，人們總是等著政府做事，時而抱怨政府不那樣這樣，過往珍貴的鄰里互助力量也因此不見了，「如果各鄉鎮需要什麼，應該主動提出來，再聚集鄰里力量完成。」他說，紙風車讓鄰里力量聚集了起來，也是好事一樁。

↗紙風車劇團希望以戲劇表演導正青少年的偏差行為。（季志翔攝）

動員，齊步走

行動指南

小額捐款贊或是動員社區力量集資贊助紙風車368兒童藝術工程。

帶著孩子一起觀賞紙風車劇團的演出。

加入「紙風車劇團368兒童藝術工程」Facebook粉絲專頁，了解最新活動訊息。

官方網址

紙風車文教基金會 http://www.paperwindmill.com.tw/

台灣「拯救浮士德」計畫 http://paperwindmill.com.tw/savefaust/

大廟興學，讓家鄉改頭換面

受訪◎吳茂成　對談◎小野　執筆◎何榮幸

有學習才有保庇，
大家一起來創造在
地永續學習系統。

吳茂成

管理委員會
註生娘娘

台南市安南區

新故鄉動員令

動員者──吳茂成，曾任記者、編輯及成人教育工作，現任台南社區大學台江分校執行長。

動員組織──台南社區大學台江分校，2007年創立。

基地：台南市安南區 **面積**：107平方公里 **人口數**：82,565人 **人口密度**：1,703人/平方公里 **平均年齡**：37歲（資料來源：內政部資料至2012年11月底）

一個知識份子返鄉教導公民寫作，在他的大力推動下，一座廟宇搖身變成在地學習中心，一處過去曾是「賭窟」的社區更脫胎換骨為現代「學堂」。台南社區大學台江分校執行長吳茂成的夢想，是把安南區海尾「大廟興學」經驗推向全國非都會區，希望未來各地廟宇都能創造出信仰、學習、社會參與三合一的在地永續學習系統！而長期關心社區大學發展、千里步道運動的小野，十年前就曾擔任台南社大代言人，二〇一一年至今更兩度來到海尾朝皇宮廟口「開講」，樂見台南社大十年來的蛻變成長。

海尾居民好賭聞名，被喻最大賭場

吳茂成的故事，已是知識份子返鄉貢獻所學的傳奇。他當年從「下港」北上念書時，心中產生重大疑問：「同樣在台灣，為何各地差別這麼大？」其後他如願回到南部媒體工作，擔任過記者、編輯，並且在台南社大講授公民寫作，相當受到學生歡迎，也開始關心海尾地區的發展。

數十年前，海尾地區曾以過年聚賭的負面形象聞名，過年期間動輒四、五千人聚集在廟埕賭博，被媒體形容為全國最大賭場。「早年這裡既是賭窟，又很貧窮，文化設施非常不足，辦教育更是困難。」十幾年前，吳茂成就已經思考要在海尾地區興學，無奈條件無法配合，直到六年前他的腦海中浮現「結合大廟辦學校」的圖像之後，才爭取到台南社大校長林朝成、主任林冠州的支持，在昔日台江內海[註1]所在的海埔新生地設立台江分校。

註1——台江內海為台灣西南沿岸一處大型潟湖，在十七世紀的台灣地圖上可清楚看見其所在位置，歷經三百多年的演變，今日已淤積形成陸地。今天的台南市安南區為昔日台江內海的一部分。

↗台南社大台江分校兒童寫作班在朝皇宮內上課，教導孩子採訪寫作技巧，再實地採訪社區故事。（吳茂成提供）

朝皇宮廟當火車頭，帶動求知風氣

然而，如果朝皇宮不支持，「大廟興學」只是口號而已。「其實也是因緣到了，朝皇宮主任委員吳進池是我家遠房親戚，我要叫主委叔公。」吳茂成原本就對朝皇宮管理委員會、主委相當尊重，加上這層遠親關係，他居中遊說，終於促成台南社大與朝皇宮的合作佳話，讓朝皇宮一舉成為地方求新求變的火車頭。

「從十七世紀至今，台灣唯一沒有倒下的 NGO 就是大廟。」吳茂成笑說，廟宇本來就具有「日常生活的公共性」與「人民認同的合法性」，以朝皇宮為例，早上四點開門、晚上十點關門，廟宇內的公共空間也不會收任何租金，大廟興學因而同時具有社會參與、社區學習、信仰中心三大功能，「台江分校不只是一個社區大學，也是屬於在地、百年永續的學習系統！」

大道公成課程靈感，貼近在地生活

二〇〇七年至今，大廟興學努力安排貼近在地生活的課程，朝皇宮信仰的大道公（即保生大帝）也成為課程重要靈感。就設在朝皇宮內的台江分校，開辦課程從個位數擴充為目前二十九門課，包括大道公二胡社、大道公車鼓社、大道公青草社、大廟興學志工團等四大社團，學員數更從五十人成長到近六百人，短時間內就讓海尾地區遠離早年賭窟形象、注入人文氣息，「朝皇宮成了可以無線上網的數位中心，連不識字的阿公阿嬤，也都學會

↖從二胡社到舞蹈營，大廟興學的學員人數從五十人成長到六百人，更成為全國社教典範及觀摩學習的焦點。（吳茂成提供）

JUNIOR

電腦開機上網。」

吳茂成再以健康課程為例指出：「鄉下長期仰賴成藥，我們大力推動自我健康醫療的觀念，讓學員三分鐘學會推拿技巧，回家後就可以為爸媽及阿公阿嬤按摩保養，有老人家從此好睡而不再輕易跌倒。我們更在每年敬老日舉辦四代同堂按摩，這些課程直接落實大道公的孝親行道精神，也因此培育學員具有孝順、自學、社會參與等特質。」

村廟興學改變台灣，夢想才剛起步

六年來，大廟興學已成為全國社區大學、社造工作者觀摩學習的焦點，教育部更肯定其為「全國社教典範」。而在大廟興學站穩腳步後，吳茂成與台南社大台江分校近年更積極投入千里步道運動[註2]，並持續與台江文化促進會共同催生全國第一個終身學習中心「台江文化中心」。

「希望全台各鄉鎮的村廟，村村有大廟興學的行動，從地方來改變台灣。」在別人眼中，大廟興學已經走出別開生面的新路，但對吳茂成來說，把大廟興學推向所有非都會區的夢想才正要開始。

催生公民力量，成立「小台江巡守隊」

「過去有權力的人才能說故事，現在我們學習說故事，就是要挑戰權力。」如果你在台南社大看到一位天天綁著頭巾、草根氣息濃厚、充滿浪漫想像的教師，用這種具有感染力的顛覆性語言傳授公民寫作，不要懷疑，他就是吳茂成。

吳茂成以推動大廟興學聞名，在此之前，他已投身河川運動許久。「我看到家鄉河川被汙染，整整十年公權力都沒有動作，就決定催生公民力量。當時我的孩子正在念國小，學校在嘉南大圳旁邊，我就成立『小台江巡守隊』，剛開始只有三個小朋友參加，其中有兩個是我的孩子……」談起剛開始投入公民運動的生澀，吳茂成自己都不好意思笑了起來。

推行鄉土運動，營造「幸福感」

隨著環境意識提升，吳茂成開始教導小朋友們調查河川狀況，建立小台江河流網站，看到公害、汙染就拍照貼上網，並且打電話到政府二十四小時專線舉報。在這個過程中，小朋友們逐漸提升自信，也開始關心公共事務。

而在社大課堂上，曾獲文建會「文學講古」鄉鎮故事徵文首獎，並獲得二〇〇九年社大特優課程的吳茂成，則大力提倡「幸福感」的重要性。回顧推動大廟興學、千里步道等社造歷程，對於吳茂成來說，最重要的幸福感是「知識份子、年輕人返鄉，協助鄉村創造永續教育系統，形成第三次鄉土運動」，這就是他在台江地區長期埋鍋造飯的重要願景。

註2——千里步道運動始於二〇〇六年，由徐仁修、小野、黃武雄等人共同發起，步道路網分為山線與海線兩條主幹道，沿線道路型態包括河川沿岸、圳路、廢鐵道、農路、古道等，並強調由在地團體、社區主導，分享步道沿途的生態文史資源。

↗大廟興學紀念碑揭牌典禮，由吳茂成（右）介紹朝皇宮主委吳進池（左）、台南社大校長林朝成（中）的貢獻。（吳茂成提供）

↗來自北京的「晏陽初平民教育發展中心」及廈門、汀塘社大工作者前來參訪大廟興學，右一為吳茂成。（吳茂成提供）

↗作家小野（前排左五）也曾至朝皇宮「廟口開講」。（吳茂成提供）

困境：年輕人外流嚴重，課程設計得費心

「小野老師來朝皇宮廟口演講，這是海尾地區百年來第一次有作家演講，光從這個例子，大家就知道我們這裡的文化經驗有多麼不足了。」帶著苦笑，吳茂成坦然面對推動「大廟興學」的艱辛。事實上，年輕人外流、課程設計，同樣是大廟興學的嚴峻挑戰。

海尾地區文化經驗不足，也讓小野感到忐忑，他誠實表示：「我怕我定的演講主題很生冷，人不會來太多。」沒想到，吳茂成等人努力克服了困難，讓小野到場時覺得溫暖，「結果人來了不少，我覺得滿感動的。」

相形之下，年輕人外流是更難克服的困境。吳茂成指出，當地年輕人「學歷愈高就離家鄉愈遠」，由於沒有返鄉的誘因，年輕人外流後就在都市落地生根，只剩下老人家守護家鄉，「社區大學系統雖然提供年輕人工作機會，但不夠，我們必須設計出更能讓年輕人返鄉的機制與誘因。」

大廟興學的課程設計，一度也讓吳茂成等人傷透腦筋。「擁有專業知識者容易有權威感，但我主張專業、非專業者互為主體，讓朝皇宮的大道公精神能夠融入課程之中。」由於「因地制宜」出現成效，讓大廟興學的課程更能與在地生活結合。

↗大廟興學的課程，老少咸宜。（吳茂成提供）

突圍：結合各方社群，倡議公共政策

吳茂成與台南社大台江分校積極結合地方社群力量、倡議公共政策，彰顯大廟興學向外實踐社造理想的動能。他強調：「我們要厚植中層實踐力量，成為幸福的推手」。而他號召年輕人參加的「台江青春夜行」、大道公社區舞蹈營暨國際社區舞蹈工作坊，這些創造生活幸福感的努力，正逐漸改變海尾地區風貌。

過去六年，大廟興學運動與台南多所學校合作，例如海佃國小、安慶國小、海東國小、安南國中、海佃國中、安順國中、瀛海中學等；而台南地區的廟宇，例如土城聖母廟、什二佃南天宮、總頭寮興安宮、舊和順慈安宮、布袋嘴寮代天府、海尾代天宮等也都一起共襄盛舉。

台南社大台江分校還跟政大社區教育研究發展中心、政大NPO中心、高師大成教所等校合作，舉辦三屆「重回村廟」論壇，深耕台江教育改革工作。

「在公共政策倡議方面，我們持續與台江文化促進會[註3]等NGO組織合作，催生台江文化中心，並與全國千里步道中心、台南市政府水利局、台江國家公園合作，倡議營造台江山海圳綠道。」吳茂成指出，倡議公共政策讓大廟興學找到介入、改變社會的著力點，產生更具體的貢獻。

註3──台江文化促進會成立於二〇〇二年，發起緣由為當時政府擬將台灣歷史博物館預定地從安南區更動至別處，因此引起在地人士反對聲浪，並成立「安南區台史館加速興建促進聯盟」，之後轉型為台江文化促進會，持續為地方公共議題發聲。

動員，齊步走

行動指南

前往台南市安南區海尾朝皇宮，實地感受台灣傳統寺廟在民間社會的多元功能。

官方網址

台南社區大學台江分校 http://163.26.52.242/~private/

參觀資訊

海尾朝皇宮──

◎地址：台南市安南區海中街101巷10號　◎電話：06-2561020

工業叢林孤村的呼救

受訪◎黃耀雄、蕭立峻　對談◎小野　執筆◎黃奕瀠

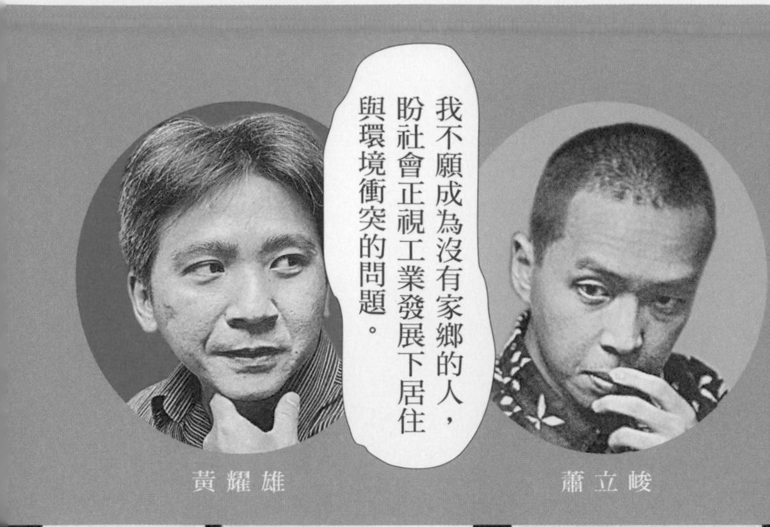
我不願成為沒有家鄉的人，
盼社會正視工業發展下居住
與環境衝突的問題。
黃耀雄
蕭立峻

高雄市小港區

新故鄉動員令

動員者──黃耀雄，從事製造業，並擔任大林蒲影像館召集人。**蕭立峻**，紀錄片工作者。

動員組織──大林蒲影像館，2011年創立。

基地：高雄市小港區 **面積**：41平方公里 **人口數**：155,595人 **人口密度**：3,776人/平方公里 **平均年齡**：38歲（資料來源：內政部資料至2012年11月底）

新媒介興起，給了小老百姓一個重要武器。曾因環保抗爭失敗而懷著恐懼陰影的高雄市小港區大林蒲居民，建立了網路群組，試著在「四面無路」的現實困境中，從網路世界摸索一個出口。「國光石化、彰濱工業區和高雄後勁的例子，讓我們看到一絲希望；現在有網路等新工具可以使用，我們可以自己記錄、監測環境，自己發聲。」大林蒲影像館召集人黃耀雄指出，大林蒲被「箍」進臨海工業區內，遇到諸多問題但求救無門，因此希望透過網路連結、號召散落在各地的大林蒲人及其後代，一起來關心故鄉，若有環境工程、法律等專業人士，也能成為他們監測、改善環境的後盾。

煙囪圍繞，大林蒲成為孤島

大林蒲位在小港區內，自清朝起便是旗津、鳳山往南的驛站，原是個繁榮美麗的漁村，但因國家經濟發展政策，對外通路被切斷，道路也被劃入工業區內，從此進出大林蒲都需繞道，整個村莊被工業區層層包圍；鄰近的紅毛港遷村，為大林蒲加上一記重創，無人經過、無人消費，像是浮沉在工業區裡的孤島，幾乎被外界遺忘。

「去年有個遷村民調，五、六百位村民被動員參加民調宣布說明會，但一個媒體記者都沒有。動輒三、五百億的遷村案，外界卻不關心？」黃耀雄指出，據聞民調的問題是：「大林蒲長期受到汙染，你是否贊成遷村？」讓他直呼真是個假議題：「平時都說沒汙染，但此時卻問我們是否為了汙染而遷村；當其他鄉鎮都有再造計畫時，為什麼我們只有遷村的選擇？」

↗大林蒲社區的校園，學生們在教室內即可望見窗外巨大的工業區建築。（梁月亮提供）

積怨爆發，卻被汙衊成環保流氓

如同台灣各地環境和發展的爭議，總落入「多數決」陷阱中一般，大林蒲兩萬人口遇上十萬多名依賴工業區生存的高雄人，早知不敵，有能力的早已出走，留下來的也只能依附著工業區生活、吃工廠的頭路，如此一來，更沒有說話的立場。「我家門前的水溝蓋上頭寫的是台電基金，這不是政府的責任嗎？」黃耀雄指出，政府會要求企業負起社會責任、釋出工作機會給居民，捐些錢給學校好回饋社區，於是，更無人敢出來指責企業汙染。

大林蒲民宅和距離最近的一根煙囪只有一百五十公尺，而進出大林蒲的人都得捱過充滿工業廢氣的路程。除此之外，還有四個工業區的廢水在大林蒲處理，環境惡劣難以想像。一九九二年，積怨已久的居民向政府討公道，但這起抗爭卻被強大警力壓制，多達四十個人被判刑，創台灣環保抗爭史上最高紀錄，大林蒲居民也被汙衊成索求金錢的「環保流氓」，他們因而噤聲、恐懼，陰影不去。

無組織的組織，抗日林少貓為鑑

大林蒲曾是抗日三猛之一林少貓的棲地。殖民政府給他從後壁到大林蒲的墾地，好收服這個讓他們頭痛的人物。接受招降的林少貓因而鬆懈，最後官方以消滅傳染病為由，同時消滅了這個抗日英雄。他死亡之所就在今日中鋼廠區內。

黃耀雄提到大林蒲居民不信任組織，所以他們以無組織的方式舉辦活動，甚至學習透過

↗台電大林蒲發電廠。（王振宇提供）

↗積怨已久的大林蒲居民曾向政府抗議。（黃耀雄提供）

網路對外連結時，讓小野笑言：「這不和林少貓一樣？都是無組織的組織。」

林少貓的傳奇故事，為大林蒲增添了文化厚度。此地因是旗津往南的交通要衝，所以曾有多家旅館、戲院、茶藝館等，但大部分的大林蒲人也不曉得早期此地的繁榮。路斷，也斷了大林蒲的風華。

懷念夏日的螢火蟲，大林蒲人不願失去家鄉

黃耀雄出生時，工廠正開始蓋，大林蒲也走向沒落，但他仍記得漁村農田，也記得土地公廟旁邊的夏日螢火蟲，還能在自家樓上放風箏迎海風，「那時都還看得見海。」

環境惡化，逼著他十八歲懷著不愉快的心情離開家鄉：「我討厭這個地方，一直問自己為什麼是在這樣的地方出生？」在外浪蕩十多年，因緣際會又回到故鄉，黃耀雄心態轉變了：「既然不得不回來，是不是該做些什麼？」他意識到了責任。

紅毛港遷村案[註1]底定後，黃耀雄和其他攝影師一起拍攝人去樓空的紅毛港。他帶著紅毛港出生的母親重返舊地，拍照留念，難過之情湧上心頭，「我拍照，是透過鏡頭看社會，這次卻是看自己。」他不敢想像大林蒲步上如此後塵的結果，決定爭取時間記錄。

黃耀雄和其他居民組成了金煙囪拍攝小組，成員從十五歲到六十五歲都有。他滔滔不絕分享拍攝心得和困難。透過新媒介，他們都成了無組織的林少貓，但這次，他們不會再被權力招降。

↖南星工業區在大林蒲以爐碴進行填海造陸工程，使得這片海域形成特殊的「蒂芬尼藍」。媒體揭露後，竟諷刺地成為觀光景點。（王振宇提供）

尋專業後盾，號召鄉親監測自救

「我在這裡辦攝影班，拿著相機走來走去，居民會害怕，辦金甘蔗影展[註2]，他們也會遲疑，不敢參加活動，會問誰帶頭，我們跟著你會不會有事？」黃耀雄指出，正因如此巨大的陰影，也因為想迴避透過組織來牟利的質疑，即便是舉行影展這樣的中性活動，都不敢有組織，講師、工作人員都是志願和自費。

透過黃耀雄等熱心的居民，以及外來年輕人的協助，一些關於文史展覽和記錄的活動，逐漸在大林蒲展開，民眾不再以為拍照是為了蒐證，慢慢習慣照相機和攝影機出現，甚至能夠回應參與。「其他地方的環境運動給了我們啟示，我們得了解如何採證以及學習法律程序。我們也知道可以透過網路、部落格來陳情和發聲。作戰方式已經和當年不同。」

黃耀雄強調，其他地方有專家辨認工廠煙囪和設備型號，進而環境監測，也有人注意中央的法令政策、環境評估報告等動作，大林蒲人什麼都不懂，卻不想等到木已成舟，只能從地方說明會中「被告知」，「我們無法一直依賴外人，唯有召喚對土地認同、有感情的大林蒲人和後代，一起為了家鄉而努力。」

註1——位於高雄市小港區的紅毛港，一九六八年被劃入臨海工業區，全村房屋不得擴建或修繕，土地未經許可不得任意變更利用。一九七五年因高雄港區擴建計畫，紅毛港被劃為大林商港區第六號碼頭用地，村內兩萬多戶住民必須遷往他處。歷經三十八年，高雄市政府完成遷村工作，其間投入的經費與牽動的人數，堪稱台灣有史以來最多的一次。

註2——金甘蔗影展自二〇〇六年起於高雄橋頭糖廠舉辦，受邀團隊必須在規定時間內拍出一部短片，在影展結束前一天進行評審。金甘蔗影展原是為推廣地方產業而舉辦，而後成功凝聚了地方居民的認同感，居民並且以實際參與來表達支持。自二〇一二年起，改以每年關注一個地方為目標，大林蒲成為金甘蔗影展「外移」的第一站。

困境：「菜蟲吃菜，菜腳死，想跳海也找嘸路。」

「進無步，退無路，想欲跳海，嘛無法度。」一位里長以這句話點出大林蒲居民的處境。原本東邊是國營企業，西邊被臨海工業區占了大半的大林蒲，這些年又遇上石化專區和遊艇製造區的規畫案，連唯一的「通風口」都被塞上，當地居民自嘲：以後跳海都得先向工廠申請才行。

「後勁只要溪流一有問題，農民感受得到，就會去投訴。」黃耀雄感嘆大林蒲連農漁民都消失了，加上隱蔽在工業區內，乏人聞問，「我們不僅不懂環保採樣，就連投訴也不知該找誰。」

黃耀雄指出，早在一九七五年，政府就將鳳鼻頭、大林蒲歸到工業區內，換句話說，大林蒲的管理單位是臨海工業區而非市政府，若向政府投訴交通問題或要求建設，市府回函通常是「交由臨海工業區管理局處理」。「管工業區的有辦法管民宅和交通嗎？」正因政府撒手不管，所以大林蒲四十年來毫無改變。

「菜蟲吃菜，菜腳死。」黃耀雄以此比喻他們和工廠的共生關係：反正怎麼樣你都在我手裡。沒有投訴窗口的大林蒲，也發不出聲音。長年來，彷彿陷在一個死結裡頭，人口逐漸外移，地方衰落，像是一個無希望的死灘。這兩年，受到環境運動鼓舞，居民開始有了自信，「我們和國營企業對抗沒勝算，但我們有自己的價值，不做永遠都沒機會。」

↖大林蒲的夜空。
（王振宇提供）

突圍：記者不來，自己拍影像傳播出去

紀錄片工作者蕭立峻和一些年輕人在高雄組成記錄文史和環境議題的「海馬小組」，並將原於橋頭舉辦的「金甘蔗影展」移師大林蒲，「因為這個地方和工廠共生，夠特殊。」二〇一二年之前，大批年輕影像工作者來到大林蒲，以此地為藍本創作，希望協助居民以影像突圍。

蕭立峻認為，影像工作者不應滿足於作品完成，也須和社區結合產生互動。所以，他們訓練當地人拍攝紀錄片，讓居民也能靠影像說出自己的故事，「影像可以做某種程度的環境監督，更重要的是，記者不來，自己也能拍攝傳播出去。」

金甘蔗影展讓社區活動活絡起來。之前黃耀雄藉著開辦攝影班，鼓勵當地居民蒐集老照片以及拍照記錄。「民眾看著照片便會勾起回憶，甚至主動參與。」黃耀雄表示，過去居民認為大林蒲是沒有故事的地方，所以缺乏自信和認同，但透過影像和文史調查能找出「社區新價值」，甚至召喚年輕人重新認識家鄉，進而產生新的力量和平台。

↗黃耀雄在大林蒲開設攝影班，讓居民用影像記錄家鄉。（黃耀雄提供）

自從國光石化撤案後，媒體推測鄰近的鳳鼻頭將成為新預定地，讓大林蒲人擔憂警覺，還在臉書上設置了專頁，讓村落裡大小事都能在這裡走馬相告。儘管大林蒲四面無路，但透過網路，他們可以對外發聲，也可以接受外面的專業協助，而這是國光石化抗爭教給他們的經驗。

動員，齊步走

行動指南

前往高雄市小港區大林蒲，實地感受當地環境受到工業發展的影響。

訂閱大林蒲影像館部落格，或加入Facebook粉絲專頁，了解最新活動訊息。

官方網址

大林蒲影像館 http://tw.myblog.yahoo.com/wb-photo/

參觀資訊

紅毛港文化園區──◎地址：高雄市小港區南星路2808號◎電話：07-8711815

◎開放時間：平日為15:00～20:00，週六、週日及國定假日為10:00～21:00（週三休息）。

搶救台灣水源之母東港溪

受訪◎丁澈士　對談◎小野　執筆◎楊舒媚

丁澈士

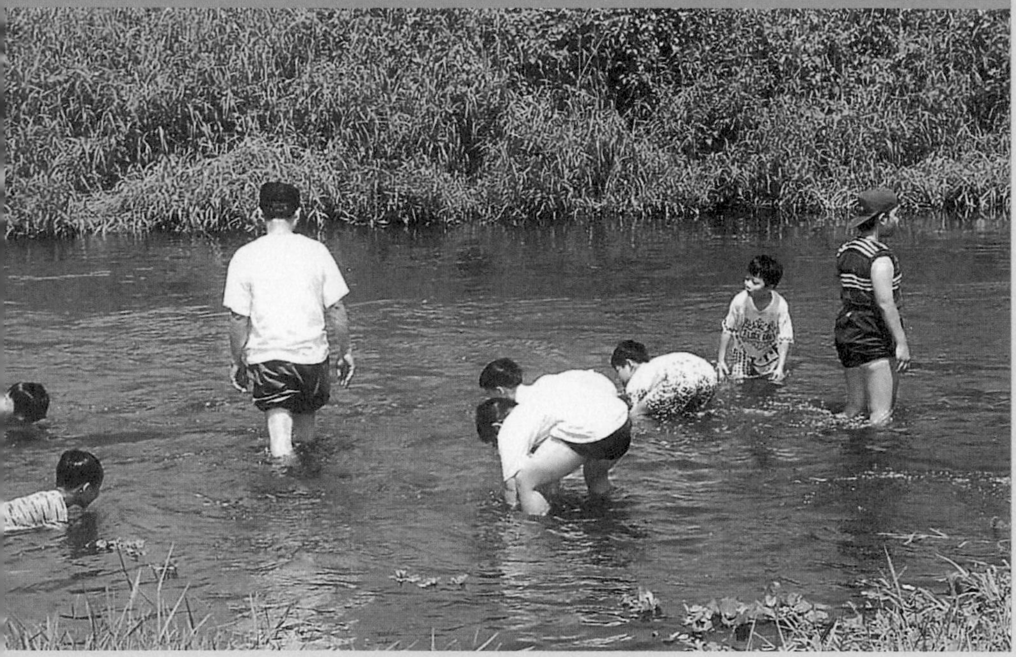

屏東縣東港鎮

新故鄉動員令

動員者——丁澈士，現任屏東科技大學土木工程系教授及台灣藍色東港溪保育協會理事長。
動員組織——台灣藍色東港溪保育協會，1997年創立。
基地：屏東縣東港鎮 **面積**：29平方公里 **人口數**：49,207人 **人口密度**：1,670人/平方公里 **平均年齡**：38歲（資料來源：內政部資料至2012年11月底）

水資源問題逐漸受到全球重視，各國都已進入「水的戰爭」。中台灣長期抽取地下水而造成地層下陷危機，近日更出現中部科學園區四期引水工程與農民搶水爭議。從天災到人禍，小野說：「台灣的地理歷史與水脫不了關係，如果把水治理好，會有豐沛美麗的家園，若治理不好，則是災難。」但小野有些不解，為什麼丁澈士在諸多溪流中，選擇由東港溪出發救水。丁澈士表示：「恢復東港溪重回『摸蜊仔兼洗褲』時代，其實是在保護台灣水源之母。」

與水結緣深，跟水做學問

一九五九年台灣發生八七水災，災民達三十餘萬人，丁澈士指出，他記得那時母親用布把錢包一包逃到屋頂的畫面，「我才三歲，已經對水有印象。」二〇〇九年，南台灣又發生八八水災，他一路協助官方與民間救災，前後五十年，兩個大水災，丁澈士說：「我和水有因緣際會，有感觸。」

丁澈士本是公務員，在高雄港務局興建過港隧道時接觸水；三十來歲，去與水奮鬥四、五百年的荷蘭念水利工程，博士論文寫的是「屏東平原的地下水資源管理」，當時便觸及現在守護的東港溪，學成歸國後在母校屏東科技大學（前身為屏東農專）任教，至今二十七年，他說：「水對我是非常重要的元素，牽絆我在知識與學問領域的發展。」

↗恢復東港溪「摸蜊仔兼洗褲」的時代，具有保護南台灣水源之母的意義。（中國時報資料照片）

徹底的讀書人，與官方唱反調

一輩子與水有解不開的緣，丁澈士說，他的名字有個「澈」，因擔任小學老師的父親「要我做一個徹徹底底的讀書人」，不過，「另一個字『士』，是沒有人字邊的，所以也沒有人可以讓我依靠做官。」

丁澈士常與官方唱反調，但小野說：「我感覺你是一個脾氣很好的人。」丁澈士說：「有時和公部門意見不一樣，也會很激動，但想到『識』水柔情，認識水，然後有開放的心胸，是非常重要的。」不過啊，「水能載舟也能覆舟，有時候還『覆水難收』，會有破壞力喔。」

東港溪水量，窺見國勢興衰

丁澈士說，南台灣有個民間傳說，就是每年春天會看東港溪來判斷一年國勢。他指出，東港溪以前叫「無頭溪」，百分之八十水源是自湧的地下水，「地下水藏於地下，不太受外在天候影響，因此以前的人認為，在年初時看東港溪水量多少、水清不清，可以看出一年是否風調雨順。」

先人經驗牽起東港溪與台灣生活的依偎，此外，丁澈士也解釋保護東港溪對守護台灣的牽一髮動全身。

↗東港溪與台灣人的生活有著密不可分的關係。（中國時報資料照片）

↗畜牧業與屠宰業是造成東港溪水質惡化的原因之一。（中國時報資料照片）

與溪流共舞，為族群共同記憶

他表示，東港溪流域廣及屏東平原，由上游到下游，分布了排灣族、客家人、平埔族、福佬人各族群聚落，「雖然居民不一定知道流經自家或隔壁村莊的河流就是東港溪，但現年四十歲以上的人，或多或少都有在河裡『摸蜊仔兼洗褲』的親水記憶。」丁澈士說：「這條溪是牽絆台灣群聚、文化非常重要的一條水路。」

不僅有文化意義，丁澈士更強調，東港溪供應大高雄一百一十萬人用水，一環扣一環，沿岸畜牧業使東港溪水質惡化，提高後端水處理難度，也增加供應大高雄用水壓力，於是水資源開發單位想辦法從其他地方找水，就在高屏溪上游支流荖濃溪「越域引水」，想開挖「吉洋人工湖」。

挑戰大自然，水利工程惹爭議

問題是，這兩個挑戰自然的方法，「越域引水」一度被質疑是八八水災的「幫兇」，「吉洋人工湖」則有圖利砂石業者的爭議，官方雖一再出面否認水利工程釀禍，卻突顯破壞環境、人定勝天工法在當今信賴度下降。

丁澈士認為，追本溯源，讓東港溪恢復乾淨水質，其水床下連帶的屏東平原三十億立方公尺豐沛地下水，可以大大減低南台灣供水壓力，進而減低工程對大自然的侵襲。

丁澈士說，復原東港溪也是搶救雲林地層下陷的範本，雲林光想用封井緩住地層下陷是不可能的，因為「這裡封住，那裡還是會抽出去。」

藏水於地下，拯救地層下陷

丁澈士指出，一九〇九年拿了庚子賠款去德國念書的治水專家、黃河水利委員會委員長李儀祉說，治水要「溝洫蓄洪水」，藏水於地下。在屏東，八十多年前日人鳥居信平在林邊溪做了台灣第一個「地下水庫」，加上東港溪的復原，以及近年於林邊溪上游做「大潮州地下水人工補注湖」，都是「溝洫蓄洪水」治水法的實踐。

丁澈士以「大潮州地下水人工補注湖」來解釋養水於地下的做法，他說，先在台糖日治時代種甘蔗的土地上平地造林，然後於樹和樹中間挖一公尺漕

↗東港溪周圍生態資源豐富，隨處可見紅冠水雞漫步其間。（中國時報資料照片）

↗早年東港溪水質乾淨，常有居民划竹筏捕魚。（中國時報資料照片）

溝，挖出來的土堆置於樹間，漕溝在森林裡繞來繞去，水就此深入地底。

丁澈士說，同樣的概念，如果可以在雲林等地層下陷的河水扇頂「溝洫蓄洪水」，天雨時讓水留在土裡，一則可減少洪水氾濫，另一方面可以補充抽用的地下水，水有足夠的力量支撐土地，高鐵就不至於變雲霄飛車。

「識」水柔情，用以國土規畫

他強調，復原東港溪，保護水源之母地下水，真是可以「一兼二顧，摸蜊仔兼洗褲」。一是救回在地的生命與文化母源，再是挹注大高雄百萬人的用水需求，三是讓台灣西南沿海地層下陷有解。

丁澈士和以蓋大壩、築大堰為主的官方觀念不同，他認為國土治理要尊重「人有人走的路，山有山所在的位置，土地有土地的功能，然後讓各功能發揮到極致。」用在治水上，便要「『識』水柔情」。丁澈士說，這就是國土規畫，「定山川之位，使人神共處其所而不相奸，千載無患。」

困境：水資源調配的倫理與正義，官方過於輕忽

動員復原東港溪的過程，丁澈士說最困難的是怎麼讓人了解，復原東港溪就是在保護水源之母地下水的「水倫理」。

老天爺一年給台灣兩千五百毫米的水，其實不缺水，丁澈士表示，問題在過去亂抽地下水造成環境負荷，大家誤以為用地下水就不對，少碰地下水為妙的決策下，官方拚命蓋水庫、建大壩，但地面水容易遇旱缺水、遇洪汙濁，結果就變成「老天爺給你很多財富，卻不會用。」他說，水資源的調配有其倫理與正義，最恰當的方式是，五月到十月的豐水期時用地下水，否則水流走是浪費，另一頭則讓水庫的水去儲存、沉澱、休養生息，等枯水期時再啟動水庫。

丁澈士說，外界擔心抽用地下水的惡果，但一九九五年到二〇〇八年間，經濟部水質調查所在全台灣各地做了很多觀測井，已經可以非常靈敏地知道地下水升降數據，調控哪裡的水可以抽、哪裡的水不能動。

他指出，台灣的宿命是地震多、山陡流急、降雨集中，但「官方都只會在高山裡做堰、做壩攔水，結果九二一大地震整個台灣土壤鬆動，一下大雨泥巴流到水庫，水濁度高，有水沒辦法喝，民怨跟著升高，也增加施政難度。」

八八水災水多卻沒辦法用，讓官方的治水思維有一些改變，但還是不夠。對於自己很多學生已成為治水官員，丁澈士表示，「我有時候罵他們，我在學校教的時候你們聽不懂，現在還是聽不懂！」

↗水資源的運用必須有其倫理與正義。（中國時報資料照片）

突圍：引入專家意見，投入青年熱情

藍色東港溪保育協會在南台灣相當活躍，它起源於一九九三年反對開闢南橫，保護大武山生態。在九〇年代環境運動刺激政經改革的背景中，藍色東港溪成員和其他社運團體，積極參與大大小小包括反美濃水庫註1、反吉洋人工湖註2等社會運動，理事長丁澈士表示，隨著時代轉變，他們將關懷的力量轉入與大家童年成長記憶密切相關的東港溪整治，以有效凝聚保育生態環境的共識。

東港溪協會相當特殊，不少學者專家願以專業能力分工進行水文、生態、工程、汙染源等調查，甚至到社區進行河川意識田野訪談。專家意見經整合後帶入社區，進而塑造居民的參與，民眾自願組成河川巡守隊監測、淨溪；民眾有了聲音，東港溪協會再積極介入官方的整治政策綱要，使其加入居民觀點。

丁澈士說，協會還做了一項非常重要的工作——向歷史找答案。他們讓屏東縣黑皮衫大專青年工作隊的年輕人向耆老詢問河川社區的歷史背景、風土民情等，因而找出三地門莎卡蘭社區高山鯝魚的故鄉、車城牽罟等「一鄉一特色」，更重要的是由此培育出全國民間社團許多第一線工作者。

引入專家意見、投入青年熱情，大家認識「人與水的牽絆」後，進而組織化，建立社區信任感，使東港溪協會成了少數擁有與公部門對話能力的民間社團，由此也培養了台灣社造種子，成為一個互相支援的水網。

註1——經濟部水利署為解決高屏地區的用水需求，計畫在高雄市美濃區廣林里興建水庫，並於一九九二年開始推動水庫建設，但引起在地居民反對，理由包括生命財產受威脅，以及客家族群文化與地方生態將受到破壞；居民同時也開始發掘地方特色，推展社區營造。這場反對運動的參與者包括農民、返鄉青年、藝術家、地方政治人物，水庫興建計畫最後得以暫緩。

註2——經濟部水利署繼美濃水庫之後，提出興建吉洋人工湖替代方案，預定地在高雄市旗山區、美濃區與屏東縣里港鄉交界處，二〇〇二年通過環評，但因在地民眾及環保團體反對，預算被立法院刪除而未施工。

動員，齊步走

行動指南

訂閱藍色東港溪保育協會電子報，或加入Facebook粉絲專頁，了解最新活動訊息。

官方網址

藍色東港溪保育協會網路通訊 http://enews.url.com.tw/actkr

養水種電打造新溪望

受訪◎鄭婉阡　對談◎吳念真　執筆◎黃奕瀠

屏東縣林邊鄉

鄭婉阡

不論做時針、分針或秒針都好，一定要繼續走下去。

新故鄉動員令

動員者──鄭婉阡，曾從事育鰻苗、種芒果、捕魚、賣「飯湯」等工作，現擔任林仔邊自然文史保育協會總幹事。

動員組織──林仔邊自然文史保育協會，1998年創立。

基地：屏東縣林邊鄉 **面積**：16平方公里 **人口數**：19,928人 **人口密度**：1,275人/平方公里 **平均年齡**：42歲（資料來源：內政部資料至2012年11月底）

莫拉克風災發生時，屏東沿海地區的災情慘重，泥水淤積近一層樓高的景象，激起台灣各界愛心支援。今天，林邊看來一切如常，但人口外移、經濟不振的冷清感仍在，深怕再遇上淹水一切成空的林邊人，總有說不出的沮喪。擔任林仔邊自然文史保育協會總幹事的鄭婉阡強調，林邊將以乾淨發電和生態養殖等新面貌展現，「除了黑珍珠外，林邊人必須思考自己擁有些什麼。」還好，有這群不服輸的林邊人，他們要以造山造海的憨膽，打造故鄉「新溪望」。

鄉民養鰻魚又種蓮霧，像蜜蜂勤勞

「林邊一直背負著地層下陷的汙名。」鄭婉阡表示，地層下陷主因不只是養殖，過往台糖為種甘蔗而在斷層面抽水，破壞水文，卻讓養殖業擔起所有的罪名，「我們就像是在這個因果裡被捲動。」地層下陷、土壤鹽化後，出現了「黑珍珠」這個「美麗的錯誤」。而原本滿布稻田和蕉園的林邊，在香蕉價格衰落後，將養殖業當作新出路，在一九六〇年代為台灣立起養殖王國之名；黑珍珠和養殖業，幾乎成為林邊的代名詞。

「蓮霧是荷蘭人帶來的，每個人家外頭都有種紅蓮霧，是林邊人的零嘴。」鄭婉阡指出，一九七〇年代，大家發現靠海的「鹽水埔」種蓮霧甜又好吃，剛好遇上石油危機，失業年輕人紛紛返鄉種蓮霧。前總統李登輝對林邊蓮霧的誇獎，激發農民的鬥志，他們用盡心思照顧蓮霧。鄭婉阡指出，和其他水果相比，蓮霧終年都得細心照顧，因而林邊人養鰻魚又種蓮霧，像是勤作的蜜蜂，整年忙個不停。

↗屏東縣「養水種電」計畫，是把養殖魚塭出租給太陽能業者發電。（吳江泉翻攝／中國時報資料照片）

↗林邊人養鰻魚又種蓮霧，像是勤作的蜜蜂，整年忙個不停。（林仔邊自然文史保育協會提供）

↖莫拉克風災重創林邊，積水消退後淤泥相當嚴重，一位婦人坐在墊高的泥地上無語問蒼天。（謝明祚攝／中國時報資料照片）

莫拉克讓人「很失志」，養水種電盼創新局

不過，莫拉克風災摧毀了林邊人積累的一切，更打擊他們的信心，「現在好像一切如常，但氣勢差很多。」鄭婉阡說，商店很早就關門，街上冷清，林邊人的心也冷了，怕水淹來又都成一場空。林仔邊自然文史保育協會等社造團體也一樣，每個人心頭亂紛紛「很失志」。

風災後，屏東縣長曹啟鴻提出養水種電計畫──將無法使用的魚塭和蓮霧園土地租給電廠，以太陽能板發電，而農民地主則成為「長工」，保養面板。照顧得好，發電瓦數就高，地主便能分得較高的利潤，也能解決地層下陷的問題。曹啟鴻是林邊人，看著他長大的林邊鄉親情義相挺，紛紛簽下契約。不料，經濟部後來發覺無法負荷，於是「吃西瓜翻面」，降低原本說好的保證電力收購價格。

不斷改變的地景，異鄉遊子嘆失回憶

林邊人再次受到打擊。「他們到台北抗議，只是手牽手站在那裡，不說話，也沒氣得跳腳。」鄭婉阡聳聳肩說，這就是林邊人，儘管土地因覆蓋太陽能板而死亡，失去耕作價值，但政府都這麼說了只好接受，「留下來的大多是老人家，也不打算拚輸贏了。」

林邊在日治時期曾是重要的轉運站，林邊人習慣接受新事物。林邊地景不停隨著時代改變，如今太陽能板取代魚塭，讓返鄉遊子在網路上大嘆：「這已經不是我的故鄉。」

太陽能板下設滯洪池，下陷地再生

鄭婉阡表示，現在林邊有了一個「新溪望」：讓林邊溪兩旁到海邊的地層下陷區土地，能夠二次利用。在縣長曹啟鴻和鄉民集思廣益下，決定在太陽能板下打造滯洪池。「因為是下陷區，過往都需要把水抽出去，現在是讓這塊區域有調節作用。」鄭婉阡補充，在太陽能板下方各區段種植不同植物和養殖魚蝦貝類，以回復土地的機能和生命，並透過自然養殖方法，讓土地重新被利用。

「林邊離大鵬灣[註1]預定地很近，若大鵬灣發展起來，人潮都拉過去了，我們怎麼辦？」鄭婉阡說，他們得不停思考如何跑得比競爭對手快，所幸，這些原本聽來像是天方夜譚的想法，也得到電廠支持，她驕傲地說，這可不是隨便說說而已，「我們真的在做了。」

生命轉個彎，從「幹總事」變「總幹事」

鄭婉阡是個單親媽媽，學歷不高的她多從事勞動工作，和丈夫離婚後，為了照顧生病的女兒，只能抽空賣「飯湯」及為人清潔打掃，「我曾和丈夫一起育鰻苗、種芒果、捕魚，沒有做過一份讓人看得起的工作。」

為了生存，鄭婉阡自稱很會「鑽縫」。莫拉克風災後，受託打掃一個幾乎被放棄的社造組織，卻成為這個組織最強勢的行動者，從「幹總事」變成「總幹事」。林仔邊自然文史保育協會理事長陳錦超一直到後來才發覺，這位總幹事原本連電腦都不會，笑稱當初真是碰上了「詐騙集團」。

儘管鄭婉阡書讀得不多，也沒有行政經驗，但她卻憑著過人的耐心和憨膽，「建請」警察局和鄉公所幫忙辦活動，甚至不停地說服別人一起動手做：「我不怕別人拒絕我，如果他們拒絕我，一定不是他們不要做，而是還不了解我要幹嘛。」

當大家敷衍不來參與時，鄭婉阡會打電話說已經煮好一鍋綠豆湯等著，「彷彿他們不來拔幾根草，就會對不起那碗綠豆湯。」許多人笑說，一群讀書人遇上沒讀書的鄭婉阡，如同遇上「朱洪武（元璋）」一般，指山就叫大家造山，指海眾人就去造海，這群斯文書生就在她指揮下搬沙、填土和除草。

願以渺小力量，為社區分分秒秒努力

當協會眾人受到風災打擊，灰心喪志時，什麼都不懂的鄭婉阡接起了所有的工作，悶頭打掃。「我看協會理監事

註1——大鵬灣地處屏東縣東港鎮與林邊鄉交界處，一九九七年，成立大鵬灣國家風景區管理處，二〇〇四年，政府開放民間參與開發方式，由大鵬灣國際開發公司取得「民間參與大鵬灣國家風景區建設BOT案」特許經營權。

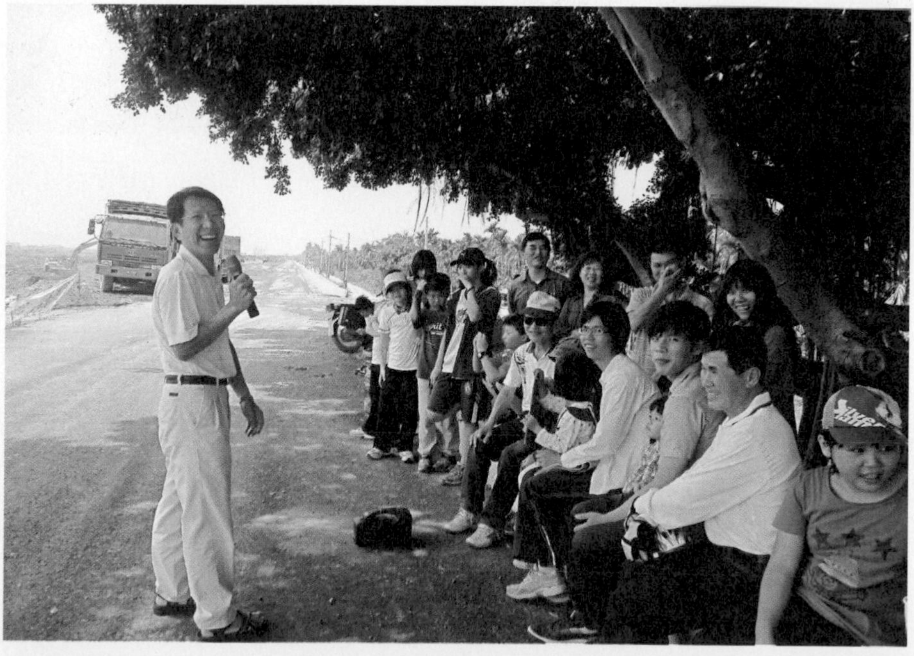

↖協會理事長陳錦超與社區居民共同關心林邊溪災後重建情形。（林仔邊自然文史保育協會提供）

↗為了讓社區居民了解家鄉的產業，協會舉辦「拜訪安全用藥蓮霧園」的親子活動。（林仔邊自然文史保育協會提供）

都是老師、醫生很有氣質，我告訴自己要認真，所以認真讀了每一期的月刊。」她這才發覺這個成立十四年的協會真是了不起，更加投入。

自認從沒做過一份被看得起的工作的鄭婉阡，在風災後，生命卻轉了個彎，成為一個協會的總幹事。她學會了電腦，為協會蓋起一棟生態屋，屋前有生態池，屋裡有浮力屋設計，樓頂還有菜園。她稱自己幸運，被協會激發出勇敢和堅持。不論社造這條路能走多久，但現階段她有強烈的使命感：「我很渺小，總想著要怎麼平衡前人努力過的路，想著怎麼銜接。」

她形容自己像時鐘裡的秒針，一直往前跑，「不論做時針、分針、秒針甚至是看不到的電池都好，一定要繼續走下去，這是我對自己的期待，也是我對林邊的期待。」這種勤作耐勞、積極面對生命的態度，讓吳念真感佩連連。鄭婉阡和林邊居民所展現的，正是強大的生命力。

↖參加「養灘造林」活動的小朋友，種下象徵希望的小樹苗。（林仔邊自然文史保育協會提供）

困境：社造團體眾多，衝突也多

林邊的社造團體不少，早在一九九八年就成立的林仔邊自然文史保育協會算是老字號。

二二八事件發生後，林邊收留了許多讀書人，人文氣質濃厚，但也因此脫離不了政治意識形態糾葛。屏東縣長曹啟鴻先前擔任國中老師時，便帶領同事一起發起環保活動，但其黨外色彩讓許多人不敢親近當志工，一群有心人士便組成了中立的文史工作室，主要進行地方文史資料蒐集，而後又發起生態教育等活動。社造意識在台灣興起後，林仔邊自然文史保育協會的成員一一獨立出去成立新的協會，一個村裡就有數個組織。

「外面的人都知道林邊很會做社造。可是大家都要當第一，就會發生衝突。」鄭婉阡不避諱談論社造團體內的競爭，而她信服自己的組織，也是因為這些人仍維持初衷。

現在有不少社區社團開始共同合作，鄭婉阡表示，因為大家慢慢發現，在這個軸心裡，只有當大家一起轉，才能產生力量。過往的衝突心結對鄭婉阡這個新人來說不成問題，她可以一再嘗試和解並說服，除此之外，莫拉克風災的影響也甚大，「別人在災難中幫助我們，我們的心都會軟一點。一個再冷的人，得到一碗熱騰騰的湯，他都會慢慢溫暖起來。這是個溝通合作的好機會。」

↗在地學童參與「養灘造林」活動。（林仔邊自然文史保育協會提供）

突圍：養灘造林，痴傻為土地打拚

林邊人對未來沒有太多期待，似乎只要三餐飽、安穩過日就好，反映他們踏實平安的生活態度。不過，林邊仍有許多痴人，林仔邊自然文史保育協會理事長陳錦超就是其一，鄭婉阡時常想：「陳醫師怎麼每天都在作夢？」

牙醫師陳錦超是協會資深成員。在林邊人心中，他是一個「很兇」的醫生，但工作之外卻是個急公好義、樂於付出之人。「我本來很怕他，但逐漸發現他不是個驕傲的人，只是想做的事太多。」鄭婉阡說，陳錦超當醫生賺錢是為了替家鄉付出，出錢出力都少不了他。

風災後，林邊淤泥堆積如山，政府單位進行清淤，將淤泥往海岸填，破壞了紅樹林和溼地生態。附近居民認為，雨水應該會沖平積土，只要忍耐一下就好。陳錦超突發奇想說：「那我們來養灘造林。」

過往這片沙灘長滿了椰子樹，盡是椰子園，是阿公阿嬤那一輩玩水的地方，但如今卻是黑泥廢土成山，鄭婉阡質疑這要怎麼造林？陳錦超相當堅定，不停說服海灘旁居民一起養灘造林「顧沙土」。他到河川局申請種樹，「公家機關若要做事，都得發包。但有個團體說不用給錢，只要讓他們種樹就好，河川局當然樂見其成。」陳錦超和工作室的人帶著國小學童，在長達兩公里的沙灘種木麻黃、椰子等等植栽，相當於整個海岸線。

許多人質疑，如果颱風再來，這些沙土連同樹苗都會被沖走，陳錦超卻認為：「我們種一百棵，總有三十棵或十三棵留下來，那麼我們的子孫就知道我們曾為這塊土地打拚過。」他們如同精衛填海般痴傻，懷抱著微弱的希望，願意好好去做。

動員，齊步走

行動指南

前往屏東縣林邊鄉，實地觀察台灣沿海聚落現況。

加入林仔邊自然文史保育協會Facebook粉絲專頁，了解最新活動訊息。

官方網址

林仔邊自然文史保育協會 http://nabem870517.blogspot.tw/

交通資訊

屏東縣林邊鄉──◎地理位置：位於屏東縣西部沿海地區，沿國道3號高速公路、省道台17線及鐵路縱貫線（屏東線）均可抵達，縱貫線在此設有鎮安與林邊兩座車站。

新故鄉動員令

平原

宜蘭羅東　李惟陽、李昭儀
宜蘭市　黃春明
新北板橋　邱子容、林秀美
雲林西螺　游熙明、陳慧如
雲林崙背　曾金柱
雲林元長　吳永修、黃瑪莉
嘉義新港　謝東哲
台南鹽水　林明堃
台南北區　幸佳慧
屏東鹽埔　林雨君

用愛陪伴慢飛天使

受訪◎李惟陽、李昭儀　對談◎小野　執筆◎張翠芬

李惟陽　李昭儀

宜蘭縣羅東鎮

新故鄉動員令

動員者——李惟陽，曾任台大醫院、羅東聖母醫院醫師，現任羅東博愛醫院醫師及安安慢飛天使家庭關懷協會理事。**李昭儀**，曾任職能治療師，現任安安慢飛天使家庭關懷協會理事長。

動員組織——安安慢飛天使家庭關懷協會，2010年創立。

基地：宜蘭縣羅東鎮 **面積**：11.34平方公里 **人口數**：72,454人 **人口密度**：6,387人/平方公里 **平均年齡**：38歲（資料來源：內政部資料至2012年11月底）

人的生命長度或許有限，但因為有了愛，卻能產生莫大的力量。宜蘭縣羅東鎮李惟陽、李昭儀夫婦的小兒子「安安」來到世間僅短短六年，夫妻倆將對安安的思念化為大愛，要在遲緩兒成長的漫漫長路上，陪伴「慢飛天使」家長們走一程。

「既然沒辦法陪自己的孩子，希望有機會陪其他有相同經驗的家長走下去。」李昭儀在與小野對談時，娓娓訴說成立協會的初衷，尤其在宜蘭偏鄉地區，不少遲緩兒由單親或隔代祖父母教養，迫切需要協助與資源。他們希望「愛的陪伴大家一起來」，以一己所能，陪伴周邊任何一個遲緩兒家庭。

最寶貝的尾仔子，最難面對的雙重障礙

李昭儀本身是職能治療師，她的夫婿李惟陽醫師目前任職羅東博愛醫院，是肝膽腸胃專科權威，兩人都不是宜蘭在地人，因愛上後山淳樸的民風、美麗的景色，選擇遠離台北都會在宜蘭落地生根。

三十八歲才懷老三，曾發現胎兒兩邊腦室不一樣大，經一路追蹤，全家期待中的「小王子」——小兒子賦安終於出生。李昭儀說，安安和兩個姊姊足足差六歲、八歲，不像其他孩子七坐八爬，安安較晚走路，開口叫爸媽也慢，學習與反應相對遲緩，本身的專業讓她開始心生懷疑。

一歲三個月時，全家一起泡溫泉，安安突然在池中呆滯傻笑、眼神往上看，她直覺就是癲癇，李惟陽仍樂觀以為只是良性熱痙攣。兩人心中原本暗藏安安只是「大雞晚啼」的期

↗慢飛天使們認真練習打擊樂。（李昭儀提供）

待，但連續幾次癲癇發作，檢查確診是「頑固性癲癇」及「發展遲緩」，雙重打擊讓這對學醫夫妻希望破滅，於是開始認真踏上早期療育之路。

慢飛成天使，兒子六歲離開人世

李昭儀為安安在家做各種生活訓練，兩個姊姊也陪伴寶貝弟弟復健，從基本的常規訓練、脫穿鞋襪、獨立進食、走路平衡、上下樓梯、翻筋斗，兩個姊姊加上爸爸媽媽，四個人就像貼身護衛一樣隨侍在旁。

四歲七個月時，安安出現聽聲辨位異常、顏面神經麻痺，照了核磁共振，竟然是「橫紋肌瘤」（惡性腦癌的一種），而且是位在無法開刀的位置。李昭儀說，當時的心情一下子跌到谷底，很多遲緩兒家長以為到了谷底就不會更糟，此時才發現，谷底之後還有谷底……。經過一年多的化療，二〇〇七年七月，安安走完他短暫的一生。

化思念為大愛，扶遲緩兒家庭一把

受訪這一天，李惟陽、李昭儀夫妻談起喪子之痛顯得相當淡定，原本擔心兩人情緒潰堤的作家小野，反而有感而發，幽幽提起自己妹妹的故事。妹妹的女兒被診斷罹患亞斯伯格症[註1]，妹妹不能接受也不肯放棄，帶孩子到處做檢查治療，期待有一天她會突然變好。

註1——亞斯伯格症（Asperger's syndrome）屬於廣泛性發展障礙的一種，主要病因是神經心理功能異常，導致學習與生活等方面適應困難。亞斯伯格症患者的行為特徵包括：不擅於人際互動、對特殊興趣的投入程度相當高等。

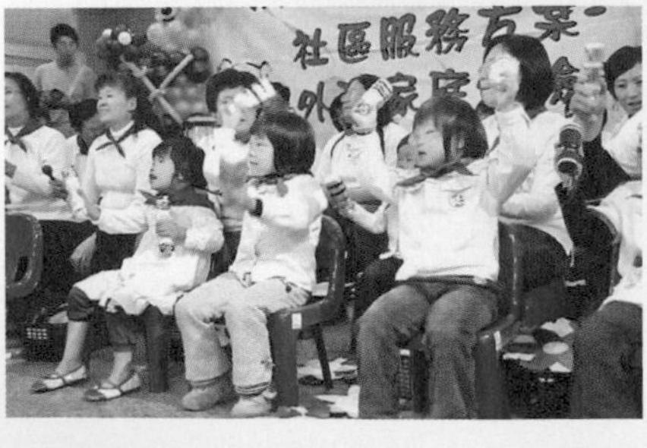

↖孩子快樂，媽媽就快樂。（李昭儀提供）

↗安安(中)是李惟陽夫妻和兩個姊姊心中最可愛的小天使。（李昭儀提供）

↗小朋友開心的玩直排輪，一旁的家長與社區民眾加油鼓勵。（李昭儀提供）

小野說，妹妹是個很努力的媽媽，在四十八歲小孩升國中那個暑假，天天擔心孩子無法順利就學，心力交瘁，焦慮到腦溢血倒地走了。其實，孩子日後發展沒那麼差，如今已大學畢業，可是妹妹當時就是過不了關。李昭儀、李惟陽說，父母的期望永遠「過急過高」，其實，每個孩子學習快慢不一。包容接納，讓他們快樂學習，終究會看到成果。

為了協助遲緩兒家庭，李惟陽等於是把太太「捐出來」，讓她全心投入，安安的兩個姊姊也是「安安媽媽互助親子坊」的志工，大姊賦萱甚至選擇就讀陽明醫學系，希望有機會幫助更多人。李惟陽在孩子生病後，也更能體會病人的痛。他說：「安安是小菩薩，是我們家人重要的生命教育老師。」

接納陪伴，給遲緩兒家庭支持力量

「天下的孩子都是該被疼愛的，疲憊的媽媽是需要互相打氣的！」一路走來，夫妻兩人深深覺得「接納」與「陪伴」是慢飛家庭重要的支持力量，因此以兒子「安安」為名成立「安安媽媽互助親子坊」，並進一步創立「安安慢飛天使家庭關懷協會」，希望陪伴遲緩兒家庭共同成長。

擔任協會理事的李惟陽表示，醫療、特教、社福三大體系提供的協助通常太理性、不帶感情，遲緩兒家庭的「否認無助期」很長，支持系統中需要一個情感的「連結」，連接家長的「心情」，讓大家互相分享、彼此療癒。

「爸爸媽媽都很苦，要用快樂方式讓他們參與。」李昭儀說，現行早期療育系統幫助的都是遲緩兒「個案」，父母陷在悲傷中的這一塊卻沒人去關心。要讓爸爸媽媽快樂，最簡單的方法就是讓孩子快樂！於是，協會安排許多親子參與的活動，每個週末，三十多組家庭至少五、六十人一起同樂，對很多慢飛家庭來說，那是一星期最開心的一天。年度的成果展，遲緩兒信心十足地打太鼓、表演打擊樂、溜直排輪，贏得台下家長和社區民眾熱烈掌聲。

擴大服務，尋求理念相同志工

李昭儀坦承，協會規模很小，目前只有理事長是專職，其餘全靠熱心志工協力貢獻。協會深刻感受台灣社會驚人的愛心動力，除了愛心捐款，地方上的五結國小、羅東國中、羅東高中等學校也提供活動場地，讓協會順利運作。

李惟陽說，要維繫一個團體的運作，人的互動是核心，「李老師」是協會的大家長，和每個家庭都變成朋友，隨時陪在家長身邊搏感情。如果只是制式的服務，少了和家長之間細膩的感情分享，組織很容易凋零。未來，協會期待找到相同理念的家長、志工，一步步擴大服務據點，為更多遲緩兒家庭提供關懷與協助。

↖遲緩兒信心十足地上台打太鼓，贏得觀眾熱烈掌聲。（李昭儀提供）

困境：怕孩子被貼標籤，父母不願面對

每個人都期待自己的寶貝聰明又健康，誰願意承認孩子有發展遲緩問題？李昭儀也曾陷入不想孩子被貼上發展遲緩標籤的掙扎。回首來時路，她說，遲緩兒這個名稱不一定會跟著孩子一輩子，它只是廣泛的代名詞，當孩子發展更進步，這個名稱標籤或許就不再了。

家中有個發展遲緩兒，很多人會勸：「你要看開，不要那麼在意！」李昭儀感慨，對當事人來說，不是看不開，因為問題就在那裡，家長沒辦法不去面對！在安安被診斷為發展遲緩時，她明明知道要去做早期療育和聯合評估，心裡卻很猶豫；孩子因頑固型癲癇加上發展遲緩，旁人建議可領取中度身心障礙較高的補助，她也寧可只拿輕度的診斷證明。正因為不願意去面對「我的孩子是遲緩兒」的事實，她承認：「我自己就是一個不喜歡接受『通報轉介服務』的媽媽。」這也是許多家長的心情寫照。

如今反思，她建議仍在「否定期」的家長可以「雙向思考」，心情上逐步接納的同時，也可同步帶孩子接受早療。各縣市都設有早期療育聯合評估中心，早療人員會告訴你如何進入評估系統，了解孩子各方面的表現，要做些什麼療育，讓醫療、社會福利銜接起來，接受通報與評估，可以獲得更多資源與支持，陪孩子成長的路就不會那麼孤單。

不過，現行的困境是，很多慢飛家庭還不願或無能力站出來，有的是經濟極弱勢的家庭，有的是長輩家屬怕參加活動會被貼標籤，部分家庭甚至因為生了遲緩兒支離破碎；李昭儀發現，宜蘭鄉下有位單親媽媽，家裡三個小孩都是遲緩兒，雖然有社福單位介入，但家長忙著做生意又住鄉下，無法照顧孩子，協會明知他們很需要幫忙，但心有餘力不足。

另一個盲點是，少子化帶來的問題。李昭儀表示，年輕父母只生一個孩子，不清楚孩子發展是否和別人不同，往往等到上幼兒園才發現異常。如何讓父母早一點發現發展問題並參與早療，也是未來亟需各界努力的。

突圍：為醫學帶來突破，「安安」遺愛人間

既是醫生，也是父親，對李惟陽來說是一種生命的拉扯。他曾無助地寫下：「我好希望我不是醫師，看不懂醫學資料……抱著治癒的希望！」就像電影《羅倫佐的油》，為了改善安安頑固型癲癇種種服藥副作用，李惟陽和醫界共同投入多項研究，雖然安安永遠都用不上，卻可望嘉惠更多人。

安安服用癲癇藥物後產生許多副作用，包括嗜睡、臉潮紅、無法冒汗等等，還常處於發高燒的危險狀態，而腦癌化療也造成嚴重拉肚子、口腔潰爛等。看到小兒子受到疾病折磨，這位認真的醫師父親，經常拿著醫藥字典在病床邊研究，苦思如何減輕孩子的病苦。

為了掌握安安癲癇發作時的藥物和治療，身為家長和醫師雙重身分的李惟陽提出「即時偵測－即時反饋治療」的概念，期盼科學界在這方面能有進展。交大劉典謨教授、成大梁勝富教授、蘇文鈺教授組成的研究團隊，已完成相關的動物實驗，目前朝人體實驗的方向努力。期待未來這套腦波不正常放電即時偵測系統，可減少癲癇病人服藥量，並在最短時間內緩和症狀。

「安安一生下來就受苦，我希望這樣的受苦有意義……」李惟陽說，一個醫師的生病的孩子，若能帶給醫學上一些啟發，讓這些研究成果可望嘉惠更多的人，這也是安安對人類的貢獻。

↗協會舉辦「慢飛家庭親子戶外一日遊」，參加的小朋友開心地看著自己動手做的成果。（李昭儀提供）

動員，齊步走

行動指南

加入安安媽媽互助親子坊，成為陪伴慢飛天使的義工。
加入安安慢飛天使家庭關懷協會Facebook粉絲專頁，了解協會活動訊息。
接納並支持身邊的慢飛天使及其家庭。

官方網址

安安慢飛天使家庭關懷協會 http://blog.ilc.edu.tw/blog/blog/5011

參觀資訊

安安媽媽互助親子坊——◎地址：宜蘭縣冬山鄉群英路177號1樓
◎電話：03-9568546◎開放時間：週一到週六9:00～12:00，國定假日休息

桃花源，就在腳下

受訪◎黃春明　對談◎吳念真　執筆◎黃奕瀠

黃春明

宜蘭縣宜蘭市

新故鄉動員令

動員者──黃春明，鄉土文學作家，現任黃大魚兒童劇團負責人。
動員組織──黃大魚兒童劇團，1994年創立。
基地：宜蘭縣宜蘭市 **面積**：29平方公里 **人口數**：95,978人 **人口密度**：3,264人/平方公里 **平均年齡**：39歲（資料來源：內政部資料至2012年11月底）

吳念真和黃春明，這兩位書寫小人物、搞兒童劇的鄉土文化人開講了起來。黃春明近年來已經很少動筆，將他奉為寫作啟蒙者的吳念真不免好奇：「什麼時候可以完成長篇小說？」忙著為孩子說故事的黃春明，卻寧願把心思放在兒童劇本上頭，並張羅著「稻草人集合」活動。二〇一二年，他還為宜蘭的大小朋友開了間「百果樹」咖啡屋，在「談笑有鴻儒」之間，實現心中的故鄉桃花源。

悲憫與細膩的心靈，造就動人文學

黃春明曾經影響無數文學心靈，吳念真就是其中之一。一九七五年，吳念真當兵的最後一年，讀了《鑼》，這才知道文學小說可以不必是長江黃河，可以是隔壁的阿伯阿桑，從此，不論小說、影像，他都受到黃春明的影響，說著鄉里間小人物的故事。

黃春明很能說故事，信手拈來就是一個精采的好故事，而那往往出自他對生命的悲憫和對人世的細膩觀察。就像他看見一個賣玉蘭花的大嬸穿梭車流間，而心想：「這麼冷的天氣，這樣好辛苦。她的身材是生產過的，可見得她有孩子要養，負擔應該很大。唉，可惜我們不買玉蘭花。」他筆下血肉生動的小人物，就是這麼琢磨出來的。

年輕時，黃春明在台北保安街打工，和妓女聊天聊出了「白梅」的故事，後來他伏案書寫《看海的日子》，寫到自己都感動了，邊寫邊哭。

↗黃春明曾推動「稻草人集合」活動，希望藉此讓眾人重新感受土地之美。圖為蘭陽博物館戶外的稻草人裝飾。（陳彥仲提供）

童心未泯，急著為孩子們動筆

但現在，黃春明只為孩子而寫，寫劇本的時間遠遠超過小說。他把小說晾著，到處說故事給小孩聽，他已經是個坐望八旬的文學大師，卻還活在自己的童心裡，看到小孩臉部線條就放鬆，看到路邊成堆的稻草人，噗一聲就往那裡頭倒，裝成稻草人，逗得大夥兒哈哈大笑。

黃春明對吳念真抱怨，現代人都不會寫兒童劇本了，因為他們都無法從生活中體驗生動活潑的小孩子生活。黃春明很著急，也因為著急，他閒不下來，做了很多事，除了文壇關注的寫小說這件事，他還有太多計畫擱置著，包含騎重型機車環島，重新認識台灣，「因為台灣的樣貌都變了。」

黃春明大部分生活都在宜蘭和台北間往返，因為故鄉的土地黏住了他。在宜蘭，他信步走在路上，都有人和他打招呼。他也時常問候路人、摸摸小孩的頭聊天，甚至主動在廟埕前和老人家們寒暄打招呼，親切問好。但一轉身，黃春明還是會搖搖頭：「唉，這裡只剩下老人和小孩了。有沒有人照顧他們？」

進行社區營造，做事不怕人太多

蘭陽博物館的出口處，矗立著黃春明的詩作〈龜山島〉。這個蘭陽遊子的路標，在黃春明筆下洋溢濃重的鄉愁，那是他自己的寫照。年少就離開出生地羅東的黃春明，創作源頭和素材卻離不開蘭陽平原，以文學創作積累聲名後，在礁溪龍潭買了房子，讓身心都回到故鄉。早在文建會於一九九〇年代初期喊出「社區總體營造」註1前，他便成立了「吉祥巷工作室」，進行文史博物調查和社區營造，「因為孩子們竟然連簡單的植物都不認得。」

現在，黃春明的「事業」和黃大魚兒童劇團都擠在宜蘭演藝廳的小辦公室中。包含「額頭上貼了一枚無形的宜蘭標籤的人們」辦的文學雜誌《九彎十八拐》（二〇〇六年創刊），都在這裡簡陋地編輯著。在這個雜誌嫌多的時代，這本雜誌的發刊詞卻說：「做事不怕人多」，因為他們愛著宜蘭。

美麗的桃花源，就在大家的心裡

「我如果真的要做什麼，就會在宜蘭做。」從九〇年代初，黃春明就在宜蘭耕耘他的文化教育理念，他認為現代人的問題就是缺乏對土地和文化的認同。「農業社會時，沒有人會離開故鄉，因此人對土地的感情，不是人和人之間那句我愛你可以比的。」

黃春明引用心理學家榮格的理論說，人最重要的認同就是對出生地的認同，家鄉的約束力讓人不敢在長成的地方當「剪鈕仔」（扒手）或流氓；然而現在人們輕易遷居流動，離開了學習語言和規矩的土壤，便也失去了行為的約束力，因此現代人儘管比以前富有，犯罪率卻高。

遷移的人們，都是為了找尋桃花源，但在黃春明看來，桃花源是在自己的心中。他有齣老少咸宜、雅俗共享的兒童劇〈小李子不是大騙子〉，戲末，當桃花瓣片片落下，演員唱

註1——學者陳其南在擔任文建會副主委任內，提出「社區總體營造」的理念與政策，強調由社區居民自主，共同找出地方文化特色，並參與地方公共事務，而各縣市政府也相繼成立委員會及輔導中心，並培育社區規畫師。

↗童心未泯的黃春明為孩子們說故事。（鄭履中攝／中國時報資料照片）

↗兒童劇團的團員們圍繞著黃春明。（黃大魚兒童劇團提供）

↗黃春明透過〈稻草人與小麻雀〉兒童劇傳遞生命教育（陳信翰攝／中國時報資料照片）

↖黃春明的〈小李子不是大騙子〉，是一齣老少咸宜的兒童劇。（黃大魚兒童劇團提供）。

著「美麗的桃花源，在我們的村子裡，在我們的希望裡，在你我、我們大家的心裡……」時，觀眾都忍不住流下淚來。

「我們腳下踩著的土地，就是桃花源，根本不必外求。」黃春明時常這麼強調，因而對他來說，宜蘭就是他不變的桃花源，他在這裡找到認同，因此也在這裡投入且付出。

稻草人大集合，田裡風景活起來

這些年來，黃春明在宜蘭推動的「稻草人集合」也是基於類似的情感，希望民眾能夠妝點已經習以為常的風景，重新感受土地之美，「就像隔壁的阿美突然化妝打扮了起來，你會讚嘆她怎麼變得這麼美一樣。」稻草人就這麼集合在宜蘭的稻田裡。

這個活動源於黃春明的兒童故事〈稻草人與小麻雀〉：祖孫合力紮了稻草人，天未亮便將稻草人安插在田裡面。麻雀對著值勤的稻草人說：「你們好壞，我吃稻穀但也吃蟲，而且我們肚子小小的，吃不完又不會帶回家藏，為什麼不讓我們吃呢？」稻草人想想也對，於是和麻雀說好了，只要農夫一靠近，他們就要躲起來，等農夫走了，再好好吃個飽。

陶淵明來做客，請他吃豆腐乳、喝XO

「麻雀也有生存的權利。」黃春明說，現代人缺乏生命教育，於是物種日漸消失，原有的溼地不見，河流被截彎取直，人們卻還沒有醒悟到大自然創造的地景不能被破壞，「我們的下一代有享受地球的權利。」

所以，黃春明為兒童說故事，為宜蘭妝點稻草人，他要讓宜蘭的大人小孩在自己的土地上感受生命是怎麼一回事，而那是他對故鄉真摯的感情和回應，也是他和大家分享的桃花源風景，「如果哪天陶淵明來宜蘭這個桃花源，我會請他吃豆腐乳、喝XO。」

↗黃春明以撕畫完成的「宜蘭有禮」包裝袋，融入了北宜公路九彎十八拐及火車過山洞的意象。（陳賡堯攝／中國時報資料照片）

困境：不願伸手，誰能拉「黃大魚」一把？

黃春明的「伯樂」、已故作家林海音曾經為文強調：「我所理解的『黃春明式』的自暴自棄，是一種不為利益去迎合，合不來就放棄的自暴自棄。」這段話簡單道出黃春明的硬脾氣，他不肯妥協，更不願向人要錢。攬了一堆計畫在身上的黃春明，甚至懶得向政府申請經費，「我不願意浪費時間報告。」

黃春明創辦的文學雜誌《九彎十八拐》有供訂閱捐款的劃撥帳號，雖然不時會有認同黃春明理念的人主動捐款，也有不少有心的父母、熱情的朋友行動支持，但還是常有戲已經要上檔了，還不知道製作費在哪裡的窘境。劇團工作人員透露，過去也曾申請國藝會[註2]補助款，但是堅持守著宜蘭、在地深耕的表演計畫不易獲得青睞，加上諸多的資格限制，後來也就放棄了。

腦筋動得快，計畫滿口袋的黃春明，完全不顯老。他說自己不會放手，要一直做，「這樣我才高興，就算生病也好得比較快。」就像他常對孩子說的：「你聽過老魚嗎？魚不會老。」所以他的兒童劇團叫「黃大魚」，大智若愚。

然而，再怎麼不服老，黃春明也將近八十歲了，吳念真不免憂心：有沒有一組團隊可以幫忙？有沒有人能夠接棒？黃春明雖僅輕鬆帶過，瀟灑以對，但若黃大魚劇團要走出宜蘭，的確需要更多外縣市的人一起幫忙。

註2──全名為「財團法人國家藝術基金會」，成立於一九九六年，主要業務為民間藝文工作者或團體提供補助，支持的活動類型涵蓋各項藝文活動、文化資產（包括民俗技藝)、視聽媒體藝術以及藝文環境與發展等。

↖稻草人是黃春明筆下兒童故事中的主角。（中國時報資料照片）

突圍：種一棵「百果樹」，打造跨界沙龍劇場

黃春明在一九九四年創立的「黃大魚兒童劇團」，比紙風車劇團更早到處演戲給孩子看，二○○○年迴游宜蘭後，經常帶著劇團直接演進偏鄉的國中小校園，不論工作人員或演員都是宜蘭的孩子，有時候父母帶著孩子參加徵選，最後連父母也「參一腳」。

從小愛看戲的黃春明，很愛為孩子寫劇本，因為「道理都藏在戲劇裡」。他直斥現在沒有好的大眾文化培養民眾素養，「只滿足低級感官」，所以他辦劇團、説故事給孩子聽，讓親子間有共同的經驗話題，而他也從親子討論中得到感動。「在這個失去認同，連校歌都遺忘的年代，黃大魚的孩子畢業了還會回來幫忙。」對黃春明來説，這是一種成就。

而他在宜蘭火車站前營造的「百果樹紅磚屋」，是這些大魚小魚聚合的地點，也將反映宜蘭孩子成長的共同記憶和軌跡。

過往，黃春明都在台北「明星咖啡店」伏案書寫，那裡曾是藝文和思想界人士聚集的場所，有著十九世紀巴黎沙龍的風華。而他也夢想在自己的故鄉有這麼樣的地方，能夠集合各界人士高談闊論，是沙龍，是劇場，也是咖啡屋，「我總覺得在藝術界的跨行交往，在創作途徑上是有加分的功能，很想在這可能是很不適宜的時候，在宜蘭有這麼一家，也是台灣唯一的一家。」

動員，齊步走

行動指南
前往宜蘭縣，實地體驗宜蘭平原的風土人情，觀賞黃大魚劇團演出。
加入百果樹紅磚屋Facebook粉絲專頁，了解最新活動訊息。
官方網址
黃春明&黃大魚／黃大魚兒童劇團 http://www.bigfish.org.tw/
參觀資訊
百果樹紅磚屋——◎地址：宜蘭市光復路13號（宜蘭火車前站對面）◎電話：03-9779700 ◎營業時間：10:00～20:00，週五、週六及假日前一天延至21:00，週一休息。
延伸閱讀
《九彎十八拐》雙月刊——◎訂閱帳號：19909751◎戶名：黃大魚兒童劇團 ◎洽詢電話：03-9320904、03-9352985

為城市保留一片文化水岸

受訪◎邱子容、林秀美　對談◎吳念真　執筆◎謝錦芳

邱子容　林秀美

新北市板橋區

新故鄉動員令

動員者──邱子容，育有兩子，現任大觀國中美術老師、枋橋文化協會理事長。
林秀美，育有三子，現任枋橋文化協會總幹事、新北市湳興社區發展協會執行長。
動員組織──枋橋文化協會，2010年創立。
基地：新北市板橋區 **面積**：23平方公里 **人口數**：557,196人 **人口密度**：24,082人/平方公里 **平均年齡**：38歲（資料來源：內政部資料至2012年11月底）

「火車火車嘟吱吱叫，五點十分就到板橋，板橋查某嘟美擱笑，轉來去賣某嘟來給伊招，阿來給伊招。」提起板橋，吳念真馬上唱出這首兒時的歌謠。板橋不僅美女多，還有兩位雞婆媽媽邱子容與林秀美，為拯救湳仔溪，她們發動連署，上街遊行，拜訪立委、官員，雖然最後徒勞無功，卻因此凝聚了一股公民力量，催生了「枋橋文化協會」，為打造一個有文化記憶的城市而努力。

為城市保留一片水岸，搶救板橋湳仔溪

板橋舊名為「枋橋」（台語），兩百多年前，湳仔溪是枋橋最重要的對外航道。熟悉板橋文史的林秀美指出，昔日湳仔港[註1]上岸後，有一條公館溝，先民架起一座二節木板構成的木橋，稱為「二枋橋」，後來演變為「枋橋」。板橋許多地名與河川有關，例如浮洲、埔墘、新埔等，顯示板橋原來有很多河流，但隨著都市的發展與擴張，很不幸陸續都被水泥掩蓋了。

湳仔溪原是板橋僅存的一條露天河流。二〇〇七年底，大觀國中美術老師邱子容有一天上班途中經過湳仔溪，看到兩旁美麗的小葉欖仁不見了，回到家後，非常自責與懊悔，幾乎吃不下飯。當時政府計畫興建台六十五線特二號道路，要在溪上蓋高架橋，她認為「自己如果什麼都不做，等於是共犯」。

註1——清代湳仔溪河面寬闊，可行駛中式帆船，轉運碼頭在今南興橋一帶，當地人稱為湳仔港。日治中期桃園大圳完工，導致溪流水量減少，加上縱貫鐵路的出現，使得湳仔港轉運功能快速沒落。

↗邱子容（左三）帶領小朋友認識家鄉的河流。（許俊偉攝／中國時報資料照片）

↗一九五〇年代的枋橋舊址。（吳基瑞攝／枋橋文化協會提供）

↖湳仔溪曾是新北市板橋區僅存的露天河流，圖為尚未蓋高架橋的河面景觀。（枋橋文化協會提供）

政府砸巨資綠化，卻破壞自然

邱子容心急如焚打電話給家住湳仔溪畔的林秀美，兩個媽媽展開一系列連署、抗爭並舉辦公聽會，花了一年多時間，找里長、民代、地方首長、中央政府官員陳情，希望拯救湳仔溪，最後卻碰了一鼻子灰。她忿忿不平地說：「政府寧願花好幾億元做綠化工程，卻在新北市僅存的一條露天河川上興建高架橋，把天然美景完全破壞，這是什麼道理？」

「為何我們不能像宜蘭有一條美麗的冬山河？為何板橋人對環境的想像力這麼低？有一條河，只要不臭就好了？」邱子容與林秀美開始反省，搶救湳仔溪活動失敗，主要是板橋人對這個議題非常冷漠，板橋的人口多數來自外縣市，對板橋歷史文化毫無所悉，對土地有極大的疏離感。護溪行動失敗後，為賭一口氣，她們決定成立「枋橋文化協會」，繼續為保存板橋歷史文化而努力。

歷史古城，牽起媽媽勇士的革命情感

邱子容與林秀美這兩位枋橋文化協會的靈魂人物，都不是土生土長的板橋人，卻因為嫁給板橋人而愛上板橋；為了拯救湳仔溪，建立了堅定的革命情感。

東海大學美術系畢業的邱子容，原來住新竹，剛搬到板橋時，非常不習慣，空氣太髒不能騎腳踏車，連在陽台唱歌也遭鄰居白眼。來到大觀國中教美術後，她開始尋找板橋相關的歷史文化。她發現學生們非常了解外國的事務，卻對自己生長的環境很陌生。她到板橋

↖板橋居民上街遊行，抗議板橋湳仔溪的特二高道路興建工程。（中國時報資料照片）

杜區大學上課，認識了對板橋文史非常有研究的陳健一與林秀美。

原在大觀國小擔任代課老師的林秀美，大學時代對文史特別感興趣，有一段時間曾在板橋林家花園擔任志工培訓與出版工作。二〇〇六年，全家搬到湳仔溪附近，有一天接到邱子容的電話，兩人因此展開長達一年多的拯救湳仔溪行動。

準媽媽護溪奮不顧身，分秒必爭不浪費

「校長，請給我十五分鐘，我要向全校師生說明湳仔溪的危機。」邱子容得知政府要在湳仔溪上蓋高架橋，心情十分激動，立刻打電話給附近七個學校校長，要求向師生們簡報，並發起拯救湳仔溪行動。她花了許多時間精力完成一份圖文並茂的簡報，快速得到許多師生連署，並進一步尋求立委、綠黨及都市改革組織等非政府組織的支持。

邱子容當時已懷胎九個月，雖然預產期快到了，她卻不顧一切騎著摩托車赴里長家拜訪，為湳仔溪請命。儘管下著雨，邱子容與林秀美兩人共拜訪了二十一位里長，爭取他們的支持。最令人感動的是，即使快要臨盆，邱子容在醫院床上仍忙著為隔天的記者會製作簡報。

林秀美透露，由於全力投入護溪行動，但屢屢遭遇挫折，邱子容一度情緒低落，還好另一半相當認同與支持太太的理念，後來並加入護溪行動。聽到這一段，吳念真對兩位勇敢的女性佩服到了極點，直呼台灣的男人要加油！

↖為了搶救湳仔溪，有志一同的板橋居民前往交通部前表達立場。（枋橋文化協會提供）

讓城市變偉大，必須靠文化

一百五十多年前，板橋曾經有一座古城，但許多板橋人並不知道。文獻記載，一八五三年，因漳泉械鬥嚴重，台灣五大家族之一的林家從桃園大溪遷移至枋橋。清咸豐五年（一八五五年），為防衛鄉里，林家與地方鄉紳捐款修築枋橋城；明治三十六年（一九〇三年），日本人為解決交通瓶頸，拆除了古城牆。

林秀美指出，即使古城早已消逝，但捷運站、湳仔溪畔、老街、台灣藝術大學、大漢溪溼地等，可以結合成一個有人文藝術與自然特色的生活圈，帶動觀光人潮。她經常帶著孩子騎腳踏車經過這個地區，深深感覺這兒是個寶地，政府為何不好好經營與規畫呢？

「建設使一個城市變大，但文化才能讓一個城市偉大。」邱子容指出，紐約有中央公園，巴黎、倫敦也都有美麗的河川與公園；反觀板橋，房價不斷飆漲，卻沒有一個後花園，綠地也非常少。她希望政府能好好保留一個水岸，讓孩子們了解自己土地的故事，為故鄉感到驕傲。她也要告訴年輕一代，「不能只是認命，要創造土地的命運，開創自己的未來。」

↖拯救湳仔溪行動長達一年多的時間。（枋橋文化協會提供）

困境：「你們那麼喜歡冬山河，搬去宜蘭好了！」

「你們那麼喜歡冬山河，搬去宜蘭好了！如果硬要保留這條河，乾脆回到三百年前的台北湖時代！」「這座高架橋研議了二十年，就算是錯的，也要完成！」這些是在拯救湳仔溪公聽會上，行政院官員嗆老百姓的話，枋橋文化協會理事長邱子容說，她永遠銘記在心，並且要出版專書記錄下來，讓後代子孫知道。

為了拯救湳仔溪，邱子容與林秀美花了很大力氣進行連署與抗爭。當時縣長周錫瑋要去新莊藝文中心頒獎，懷著九個月身孕的邱子容與林秀美跑去現場拉起白布條，警察上前詢問：「你們有申請集會遊行嗎？」邱子容幽默地回答：「肚子裡的寶寶還沒出生，我們只有兩人，應該不必申請吧！」警察反而體貼地搬了椅子給她。周錫瑋見到兩人為湳仔溪請命，爽快地答應召開說明會。

在預定召開說明會當天，他們接到通知，「場地被借走，會議臨時取消。」後來，大家決定自己辦說明會，就在原定時間，同一地點外面，他們舉行民間版的說明會，現場來了三、四十人。

邱子容生下寶寶之後，與林秀美等人繼續向立委陳情，行政院終於答應舉辦公聽會。林秀美說，這次經建會、營建署、交通部等單位來了十五人，卻只容許居民代表五人進場，後來他們八人堅持全都進入會議室。

當天官員輪番上陣，強調興建台六十五線特二號高架道路可以振興經濟，讓股市上漲，甚至質疑居民連署反對興建高架橋只有兩千多人，不具代表性。邱子容當場反駁：「那麼贊成興建高架橋的有幾人？」這次公聽會結果不歡而散，官員堅稱興建特二號高架道路有利經濟發展，邱子容等人明白大勢已去，他們告訴現場官員：「我們一定會把你們這些話記錄下來，編成故事書，讓下一代知道你們的荒唐作為。」

突圍：活化蚊子館，凝聚居民的心

拯救湳仔溪行動失敗後，邱子容與林秀美發覺，最可怕的是「板橋人對這塊土地的疏離」。枋橋文化協會成立後，第一個任務就是活化當地蚊子館，把閒置多年的湳興社區活動中心閱覽室整修為「湳興社區藝文館」，定期舉辦生活藝文活動，讓社區兒童、青少年與媽媽們更加了解自己的家園。

靠近湳仔港渡船頭的湳興社區活動中心已閒置十二年。林秀美指出，當時這個蚊子館內的書架積了一公分高的灰塵，書是全新的，但桌椅都壞了，平時無人管理，大家覺得很可惜，於是與湳興社區發展協會合作，號召協會的成員、志工媽媽們共同清理，把蚊子館變成社區藝文館，做為社區發展活動的基地。

枋橋文化協會成立以來，會員大約三十多位，核心成員七、八位。林秀美說，在板橋這個大都會推動社區發展工作，困難度非常高，連發送傳單都會被拒絕。邱子容感慨，「許多板橋人對於在湳仔溪上蓋高架橋沒有感覺，認為跟自己沒有關係。板橋的人好像變成絕緣體，周遭發生什麼事，都跟他們無關。」

枋橋文化協會的成立，就是為了凝聚社區居民的力量。他們從孩子的教育開始，不定期舉行各種生活夏令營、媽媽劇團，帶社區居民重遊枋橋古城遺址，無論是否為在地人，都能透過這些社區活動，進一步認識這個新故鄉。林秀美呼籲，每個人都應該走出城堡，認識周遭的人事物，才會更加熱愛這塊土地。

↗當時懷胎九個月的邱子容（左）向台北縣長周錫璋（右二）遞交陳情書。（枋橋文化協會提供）

動員，齊步走

行動指南

前往新北市板橋區，實地觀察快速都市化之下的古城今貌。
參與枋橋文化協會的活動，深入了解古城的歷史文化與當代人文。
加入枋橋文化協會Facebook粉絲專頁，了解最新活動訊息與社區議題。

官方網址

枋橋文化協會 http://tw.myblog.yahoo.com/funciao.ca08/

參觀資訊

板橋老城區——◎交通方式：搭乘台北捷運板南線，府中站下車。

藝饗農業大縣，播下美的種子

受訪◎游熙明、陳慧如　對談◎小野　執筆◎張翠芬

游熙明　　陳慧如

雲林縣西螺鎮

新故鄉動員令

動員者──游熙明，現任中醫師。**陳慧如**，曾任職銀行，現任南華大學非營利事業管理研究所教師，及饗響文教協會籌備處負責人。

動員組織──饗響文教協會籌備處，2012年創立。

基地：雲林縣西螺鎮 **面積**：49.8平方公里 **人口數**：47,798人 **人口密度**：960人/平方公里 **平均年齡**：40歲（資料來源：內政部資料至2012年11月底）

入秋後的西螺，風沙開始飛揚，在延平老街上不只能看到傳統民俗廟會活動，街尾的中醫診所還不時流洩出優美的樂音，因為這裡是一處散播音樂、美學的美麗平台。參與「紙風車三一九鄉村兒童藝術工程」計畫，發起「尋找一七五〇個西螺人的熱情」活動的游熙明中醫師，和太太陳慧如一起籌備「雲林縣饗響文教協會」，希望能在地方播下美的種籽。

紙風車巡演，雲林鄉鎮率先達成

小野很好奇，雲林在電視劇〈西螺七崁〉中，呈現的是武術發達、充滿鄉野傳奇的形象，出乎意料的是，雲林竟然是全國第一個完成紙風車劇團所有鄉鎮巡演的縣市，這是怎樣的一股民間力量所促成？

游熙明和陳慧如都是台北人，到西螺定居後，擔任荒野保護協會[註1]西螺聯絡處負責人。

游熙明一直認為，美學教育關乎一個人的心理健康，所以當得知紙風車劇團正在進行三一九鄉鎮巡演時，就積極提出計畫，自動自發印製海報，號召西螺人參與。

在南華大學非營利事業管理研究所任教的陳慧如回想，她在二〇〇七年春末夏初獲知這個活動後，還發揮會計人本色好好「責信」一番，發現主辦單位把捐款等相關資訊公開得一清二楚，很有公信力，於是從被動支持者變成主動的推廣者。

註1——荒野保護協會成立於一九九五年，其主要理念與實際行動，為透過自然教育、棲地保育與守護行動，推動台灣及全球荒野保護的工作。該會除了位於台北市的總會，在全國各地也設有分會、聯絡處及辦事處等。

↗游熙明與陳慧如夫婦發起「尋找一七五〇個西螺人的熱情」活動，促成紙風車到西螺農工演出。（紙風車提供）

一人兩百元，小額捐款湊齊經費

由於雲林虎尾已先辦了第一場，他們決定要做點不一樣的事，要讓西螺成為「小額捐款」人數最多的一場，於是發起「尋找一七五〇個西螺人的熱情」活動，一人捐兩百元，只要募到三十五萬元，就可以促成紙風車劇團來西螺演出。

參與小額捐款的人愈來愈多，不只西螺人，隔壁鄉鎮也動起來了。西螺冬天風沙大，戶外演出須在十二月上旬演出，但直到九月底，募款還差一萬多元。

游熙明形容最後的一筆捐款像是「神蹟」；九月二十七日傍晚五點，一位隔壁鄉鎮的媽媽帶著三個小孩捐出他們的小豬撲滿，卻沒留下姓名就離去，小豬撲滿裡共有一萬多元的銅板，把演出經費三十五萬湊齊了，還多了兩百多塊。到現在他們還沒找到捐錢的母子檔，卻留下令人感動的一頁。

要五毛給一塊，小民力量大

游熙明、陳慧如在西螺原本要號召一千七百五十人，最後六百二十六人就湊足了經費。陳慧如說，整個活動擴散效應很大，而且外溢到其他鄉鎮，西螺創下參與人次最多的紀錄，雖然之後很快被同縣的崙背鄉超越，但雲林縣是第一個完成，也是走第二哩路比例最高的地方。

游熙明、陳慧如說，他們從紙風車的鄉鎮巡演中，看到市井小民的影響力與改變的能

↗三個小朋友捐出撲滿裡的銅板，湊齊演出經費三十五萬元。（游熙明提供）

↗在眾人的共襄盛舉之下，西螺的孩子們也可以欣賞難得一見的兒童劇演出。（游熙明提供）

量，所以他們願意繼續邁向第二哩路。

陳慧如認為，紙風車鄉村兒童藝術工程的第一哩路是單向的，從都會到鄉鎮，第二哩路希望是雙向的，未來希望吸引有潛力的藝術團體來西螺表演，從鄉下出發。

而即將施工的綠建築，將規畫成多功能的「社會創新研究中心」，第一個關注主題就是三一九鄉村兒童藝術工程的創新與擴散。游熙明說，他們是外地人，但希望從西螺出發，要複製一個模式，推動到其他地方，「只要想做，老天爺也覺得你應該做，祂就會讓你成功！因為我們是結合了眾人的力量！」

食與美兼具，聽歌看戲自然有味

「在這邊，蓋廟募款有可能，要辦藝文活動很難。」在西螺推動紙風車三一九活動時，游熙明曾被這樣嗆聲，沒想到，活動超乎預期地成功；只是，要克服一般大眾對鄉下的偏見，仍有長路待努力。

在促成紙風車到西螺演出後，游熙明將跟農會租來的診所二樓空間，改建成視聽講座教室，讓社區民眾聽音樂會，並加上指導聆聽。之後更邀請西螺文興國小的李老師籌設「雞城故事」工作坊，讓孩子親近藝術創作。

「音樂、美學，可以不分年齡、不分國籍獲得共鳴，它是老少共通的語言。」他們曾邀請音樂時代劇場來西螺演出〈四月望雨〉音樂劇，一位九十歲阿嬤感動得邊看邊掉眼淚；另一次是〈行動音樂廳〉戶外音樂欣賞，一位餐廳老闆隔天來致謝，因為印尼外勞看完表演一路哼著〈飲酒歌〉回家，這是他第一次看到離鄉背井的外勞這麼快樂。

「台灣被政治撕裂，美學欣賞可以讓大家心理更健康。」籌備成立「饗響文教協會」，就是要落實「食育」和「美育」。游熙明說，饗響把字拆開，就是「鄉下的食物、鄉下的音樂」，由於四、五年級生的音樂課，都因升學被犧牲了，加上雲林是農業大縣，因此他希望推廣食物與美學教育，建立藝術美學的展演空間與交流平台，並教人們認清安全食物，找回食物自然原味。

當平民貴族，手牽手用心建平台

「美麗的東西，可以令人心情愉悅。」游熙明、陳慧如曾在社區推動「美的角落」，邀請《種樹的男人》盧銘世老師指導「綠手指」活動，診所農會旁擺設多年的老舊石椅，在做了彩繪及植栽裝飾後，隔天文昌國小的學生經過，人人眼睛為之一亮驚呼：「怎麼新蓋了漂亮的椅子？」其實，椅子一直都在，在清理乾淨、彩繪後，賦予了石椅新生命，形成一個美的角落。

陳慧如也想推動一個「平民貴族」運動，她從電影《莎翁情史》延伸理解到，英國女王和貴族會請一般民眾免費觀賞莎士比亞的戲劇，連目不識丁的人也可以看《馬克白》感動到落淚，她認為，藝術不應只在殿堂，應普及到每一個人。

很多人常以「都吃不飽了，哪有空看音樂藝術」來搪塞，她認為：「不能貧乏到連欣賞美和音樂的能力或機會都沒有。」未來希望不依賴政府資源，集眾人之力把平台建置起來，推動藝術工程，他們相信：只要有「心」，願望有多大，夢想也可以無限寬廣。

困境：「窩鄉下不長進？」刻板印象難化解

游熙明到西螺落地生根，是受到一位老奶奶的啟發。他說，當年他在中國醫藥大學讀研究所，在支援下鄉時和地方鄉親成為好友，離開前其中一位老奶奶告訴他：「阮這裡不欠博士醫生，欠的是關心阮的醫生！」這句話在他心中埋下了一顆種子，促使他十多年前決定下鄉到西螺服務。

原本在台北花旗銀行總行服務的陳慧如說，雲林十多年前醫療資源仍相當缺乏，而醫生的家人不願意下鄉是導致醫生人數不足的原因之一。她跟著先生從台北到台中又到雲林，完全沒有工作機會，只好從學術界出發，轉到學校任教。

不過，多數人對鄉下有偏頗的印象，覺得它單調無聊，年輕人沒發展機會，周遭不少長輩朋友，難免覺得他們長期待在鄉下有點「不求長進」。陳慧如說：「我們有幸沒被外在約定俗成的觀念框架綁住。下鄉幫我們開了很多扇心靈之窗，也看到過去人生沒辦法經歷的一面。」

陳慧如娓娓訴說在鄉下獲得的感動。這一天，她從雲林到台北開會，出發時正是秋收時節，陽光斜灑在金黃色的稻草上，提醒人們「秋天到了」。一到台北，看到捷運站車水馬龍，大樓到處掛著「周年慶」、「某某新產品上市」，讓她猛然驚覺，都市的季節變換，是透過各種商業活動在操作，在鄉下，每天欣賞的是不同風景的日落。

「你不要只看一本書的封面，就決定它的內容。」陳慧如說，耐心欣賞它的美麗與特質，就會發現台灣的鄉下多元又豐富。她在鄉下住了這些年，才慢慢讀懂這本書。

突圍：賣都市綠寶石，換農村綠水晶

游熙明、陳慧如賣了原本在台北青田街的居所，要在西螺蓋一棟新建築。很多人問：你們怎麼捨得賣掉，那是菁華地段的「綠寶石」！游熙明說，他已經決定在西螺深耕，希望換個地方蓋個「水晶」綠建築，做為活動推展的基地。

陳慧如說：「把綠寶石換成綠水晶，是有意義的。」一棟綠建築在大都會可能沒什麼效果，但在西螺它會有「水晶效應」，因為水晶能純化吸引聚集一些純度很高的能量，可以匯聚很多人，透過這個美的平台共同築夢。

游熙明、陳慧如請英國建築師好友路威，規畫兩棟可呼吸的綠建築，利用自然風、水的流動，藉由巧妙的空間運用及建築工法，產生空氣對流及光線調和，並設置屋頂熱循環及雨水回收系統，而地基的冷水恆溫搭配各樓層的地冷管線，來達到室內降溫調節，不必再花錢去買昂貴的太陽能發電板，是一個便宜耐用可大量複製的環保綠建築。

這座綠建築將有可容納四十人的演藝廳，未來可用作演講、文學、音樂的據點，成為在地一處有人文藝術的「綠風水」。

↗陳舊的石椅經過彩繪與植栽美化，成為社區美的角落。（游熙明提供）

動員，齊步走

行動指南

前往雲林縣西螺鎮，實地體驗台灣農業鄉鎮的歷史風貌與社區活力。

加入饗響文教協會Facebook粉絲專頁，了解最新活動訊息。

參觀資訊

西螺老街——◎地址：雲林縣西螺鎮延平路。

快樂傻瓜打造社區公園

受訪◎曾金柱　對談◎吳念真　執筆◎高有智

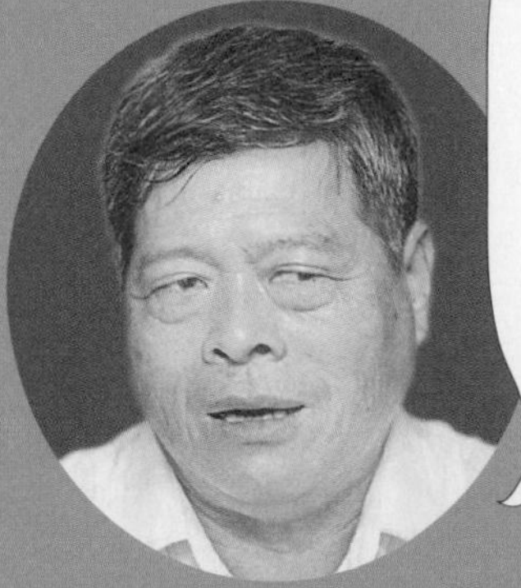

為社區服務是福氣。懂得當快樂傻瓜，就會有幸福人生。

曾金柱

雲林縣崙背鄉

新故鄉動員令

動員者──曾金柱，曾獲選為十大模範農民，現專職務農，並擔任阿勸社區發展協會理事長。

動員組織──阿勸社區發展協會，1998年創立。

基地：雲林縣崙背鄉 **面積**：58平方公里 **人口數**：26,591人 **人口密度**：455人/平方公里 **平均年齡**：42歲（資料來源：內政部資料至2012年11月底）

阿勸社區如同許多鄉村，人口外流，大都剩下老人與小孩。一個西瓜農人帶領社區居民，扶老攜幼，整頓社區內的大小髒亂點，變成了休憩區、社區公園或活動中心，有的取名為「傻瓜涼亭」，也有「憨人館」。這群區民以「快樂傻瓜」自居，帶頭的頭號傻瓜，就是阿勸社區發展協會理事長曾金柱。

愛鄉熱忱當頭號傻瓜，帶動全村活力

全程透過台語，曾金柱與吳念真侃侃而談社區工作的心路歷程。阿勸社區從沒沒無名的小聚落，如今成為雲林的績優社區，吸引不少人觀摩學習，曾金柱也樂於四處分享經驗，帶動鄰近聚落共同投入社區營造。而這一切，都是從「吃飯」與「掃地」開始。

二〇〇四年，阿勸社區的老人會會長一度面臨後繼無人，即將結束解散。在眾人推舉下，曾金柱毅然決然接下重擔，他當時心想：「阿勸是我出生的地方，我也在這裡長大，無法眼睜睜看著老人會解散，因為很多村裡的老人都期待老人會可以辦旅遊。」

基於愛鄉的熱忱，曾金柱接任了老人會長，不僅辦旅遊，更想帶動社區的活力。他擴大舉辦「九九重陽節」的慶祝活動，找來當地家政班婦女煮伙食，自己出菜錢，沒想到，此舉引起社區的迴響，居民紛紛投入志工行列，小朋友負責表演節目，老人家也拿出壓箱寶，重現快失傳的「落地掃」[註1]戲曲。那是阿勸社區第一次有盛大的晚會，為這個老弱的農村點燃了一絲希望。

註1——落地掃為歌仔戲最原始的表演型態，通常在廟埕前就地演出，不搭戲台。表演者人數不多，以丑角與旦角為主，多半不穿戲服，也無複雜的身段與曲調音樂。

↗自動自發美化社區環境的居民，自稱為「快樂傻瓜」，最右邊為曾金柱。（黃國峰攝）

號召居民綠美化環境，環保再生

自老人會長卸任後，曾金柱又被拱出台面，接任社區發展協會理事長。阿勸社區發展協會從一九九八年成立後，就鮮少舉辦活動，幾近停擺狀態。曾金柱接任後，才開始號召居民美化環境。

因為人口外流，阿勸社區逐漸沒落，也衍生不少空屋或廢地，雜草叢生，甚至遭人傾倒垃圾。曾金柱召集居民開會，發起清潔日。他原本擔心眾人持觀望態度，不過他也打定主意，就算沒有人參與，他也會一個人打掃。所幸，第一次的清潔日就有十六位村民站出來，大家拿起掃把和畚箕，從庄頭掃到庄尾。

就此，阿勸社區居民開始關心自己的環境，整理荒棄空地，利用廢材興建公園，寶特瓶蓋則製成社區的路標。同時，也發起社區堆肥，資源回收再利用，朝向綠色環保社區的目標邁進。

曾金柱說，「堆肥」原本就存在於老人家的生活習慣中，現代人反而浪費很多資源，像是雜草、果皮和剩菜剩飯，全部都丟進垃圾車。自從社區設置堆肥場和資源回收箱後，垃圾減量許多，也傳承了農村的生活智慧。

↗雲林縣崙背鄉阿勸社區，居民齊心打造美麗家園。（黃國峰攝）

↗社區居民共同完成的「防疫宣導」壁畫。（黃國峰攝）

↗阿勸社區居民把廢棄空地整理成社區公園。（黃國峰攝）

「呷是樂，做是福」，四心熱情服務

六十三歲的曾金柱，是阿勸社區的「西瓜大王」，從小跟著父親種西瓜，曾經獲選為十大傑出農民，後來從事西瓜批發販售。儘管農忙不得閒，曾金柱還是不忍家鄉破敗，接任社區發展協會的重擔。在投入社區營造的過程中，不僅凝聚了村民的情感，也感受到人生的樂趣。

率直爽朗的曾金柱，一聽到要前往台北受訪，展現農人熱情的性格，從雲林抱著大西瓜搭車北上，嚷嚷要送給吳念真。一看到大西瓜，吳念真當場笑開懷，雙手緊抱還有點吃力，不料，曾金柱略帶歉意地說：「這次扛不來，下次再帶更大顆的西瓜給你！」吳念真喘口氣直說：「感謝啦，這樣就可以了！」兩人相視大笑。

曾金柱的熱情，不僅吳念真感受深刻，也感染了阿勸社區居民。曾金柱笑稱，自己不識字，電腦也不認識他，而從小因為農忙失學，到了當兵前才補上夜校，勉強學認字。他最先學的字就是斗南、虎尾與崙背等幾個故鄉的地名，他還請識字的朋友，把這幾個字寫在他的手上，強迫自己學習記憶，因為擔心入伍後，離鄉背井，錯過車站而找不到返鄉的路。

曾金柱做事拚勁十足，個性又認真負責。他認為，社區工作重在「用心」澆灌，快樂付出，同時必須具備四顆心：愛心、耐心、歡喜的心和永恆的心。他常說：「能夠為社區服務就是一種福氣，因為呷是樂，做是福。」

未來，曾金柱希望能發展體驗農園與教育農園，也歡迎企業或學校前來認養，他爽朗地笑說：「阿勸雖然是小地方，但我們有清新空氣，還有一群快樂的傻瓜與幸福人生啊！」

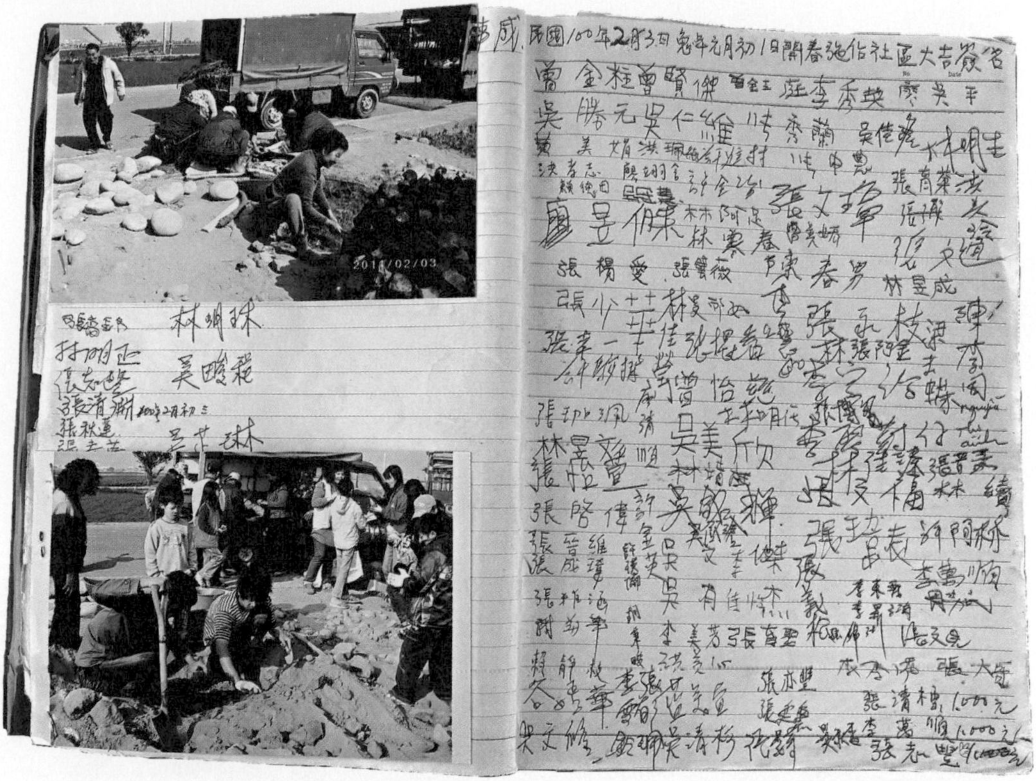

↗社區每次辦活動都會用簽名與照片留下紀念。（黃國峰攝）

困境：「自掃門前雪」的冷漠，需要耐心化解

在曾金柱號召下，阿勸社區居民共同整理社區髒亂的地點，然而有些空屋或土地，主人長期旅外，任其荒廢沒人管，居民未經地主同意，也不敢擅自進入。此外，年輕地主大都支持美化環境成為公園或社區據點的行動，不過，老一輩的長者多半會擔心土地被社區長期占用，還需要時間與耐心去溝通。曾金柱説，這些困難得用真心搏感情，才能取得地主家族的同意。

從十六位村民打掃巷弄，到動員百人合力蓋公園，曾金柱和夥伴們一點一滴改變社區居民想法，打破「自掃門前雪」的冷漠作風，透過社區會議，慢慢凝聚集體共識，讓居民多了對土地的認同感。

「打掃社區的工作中，最困難的是清理臭水溝。」曾金柱説，一般人都不想清理臭水溝，除了臭氣熏天，令人難以忍受之外，甚至有居民在社區開會時當場發難，質疑清水溝是鄉公所的事情，為何要社區的人來做？曾金柱不假思索地回説：「清水溝雖然是政府所應該做的事，但是，我們在這裡長大，清水溝就是大家的事情。」

曾金柱強調，社區工作無法光憑一人決策，需要耐心溝通與公開討論，同時得避免捲入政治派系。依據他的經驗，居民如果都是「恬恬」不講話，那就一定有問題，所以社區決策需要透過共同開會，讓大家都能講話，這樣才能凝聚共識，社區工作才會有人參與。

↗社區居民撿拾漂流木，打造成溼地公園，成為孩子們玩樂的好所在。（黃國峰攝）

突圍：過年不打牌，逾百人當志工蓋公園

在莫拉克風災過後，政府開放撿拾漂流木，曾金柱曾帶領一群志工開著大小車輛，來回數十趟，撿了五百多根的漂流木，利用生態工法建造農塘溼地公園。居民們捨棄了一般常見的水泥排水溝，改以人工挖掘出土堤，把水引入池塘內，餘水則以涓涓細流的方式慢慢排出社區，如此可以達到防洪減災的效果。

在台灣人的習俗中，水象徵「財富」。集思廣益後，居民們把溼地公園取名為「大＄入港，小＄出航」，池塘則稱為「財庫池」。社區留下愈多水，除了象徵帶來愈多財富，也可避免下游的村莊氾濫成災。

而阿勸社區動員經驗中最讓人津津樂道的一段故事，就是在大年初一的歡樂時刻，社區居民改變以往聚集小賭的風氣，不分男女老少，紛紛捲起衣袖，當苦力一起蓋公園。當天總共有一百三十八位志工參與，成為社區居民最難忘的新年回憶。曾金柱依習俗包了紅包祝賀志工，雖然只是二十元，象徵雙雙對對，萬年富貴，隱藏了深厚祝福，「我活了六十幾歲，第一次送出一百三十八包的紅包，真是福氣滿滿！」

在社區內的馬路轉角處，原本有一面髒亂的牆壁，由大人重新粉刷後，讓孩子們在上頭發揮創意。他們利用廢棄的瓷磚和破碎的甕瓦片，完成了「防疫宣導」的拼貼壁畫牆。在壁畫中，正在洗手的小朋友伸出了「長長的手」，曾金柱本來百思不解，後來孫子跟他講：「因為老師說：『我們要常常（長長）洗手』，所以手要畫得長長的啊！」他才恍然大悟孩子們的創意啊。

以創意營造社區，以故事點綴生活，這就是可愛的阿勸社區！

動員，齊步走

行動指南

前往雲林縣崙背鄉阿勸社區，實地走訪台灣農村現況。

交通資訊

雲林縣崙背鄉阿勸社區──◎地理位置：位於雲林縣崙背鄉的西南側，距崙背鄉公所車程約12分鐘，雲11鄉道為出入社區的主要道路。

讀冊館種出農家希望

受訪◎吳永修、黃瑪莉　對談◎吳念真　執筆◎高有智

每一個平凡的人，都可以盡一己的力量為社區服務。
吳永修
黃瑪莉

雲林縣元長鄉

新故鄉動員令

動員者──吳永修，曾任職士林電機及自營工廠，後舉家返鄉務農，並擔任五塊社區發展協會理事長，其妻**黃瑪莉**為執行祕書。

動員組織──五塊社區發展協會，1995年創立。

基地：雲林縣元長鄉 **面積**：72平方公里 **人口數**：28,011人 **人口密度**：391人/平方公里 **平均年齡**：45歲（資料來源：內政部資料至2012年11月底）

中年男子轉換人生跑道，不是一件容易的事。因為故鄉的召喚，加上嚮往農耕的田園生活，四十五年次的吳永修，十年前帶著妻小回到農村，告別了奮鬥二十年的都會。這是一趟不被看好的人生賭注，但讓人意外的是，吳永修的務農夢想還沒實現前，卻「種」出了一間社區圖書館「讀冊館」，也孕育出雲林縣元長鄉五塊社區的希望。

懷抱夢想返鄉，意外創造傳奇

吳永修和妻子黃瑪莉原本規畫返鄉務農，在偶然機會下，成了五塊社區的社區營造要角。一個是社區發展協會理事長，一個是執行祕書，帶領一群夥伴改造社區，讓原本平靜沉寂的農村，多了歡笑與活力。

吳念真一開始就很好奇，一個中年男子如何克服重重壓力，不僅決定返鄉務農，甚至推動社區圖書館。吳永修說，他們那一代只能往都市謀生，他當兵後就到台北工作，曾經在士林電機任職，後來也在新竹開了公司，在北部打拚了二十年後，他始終懷抱務農的夢想，希望透過精緻農業，開創事業第二春，加上母親生病需要家人照顧，於是舉家遷回了朝思暮想的故鄉。

「讀冊館」則是一段傳奇故事。五塊社區是傳統小農村，當地居民大都務農為生，除了學校有圖書館外，社區內完全沒有閱讀空間，而距離最近的元長鄉立圖書館也有三公里之遙。土生土長的吳永修相當了解這樣的困境，他還在外地工作時，有一次返家度假，看到母校信義國小有兩間閒置的教室，卻堆滿廢棄物，當時就心想：「如果有一天，閒置教室

↗五塊社區讀冊館是由信義國小的閒置教室改建而成。（黃國峰攝）

↗讀冊館內有地方耆老的二胡聲伴著書香。（黃國峰攝）

↗讀冊館成立一周年時，五塊社區舉辦慶祝活動。（五塊社區發展協會提供）

↗讀冊館讓五塊社區有了閱讀空間，小朋友們開心地看書。（黃國峰攝）

可以擺滿書籍，讓孩子或社區居民有地方看書，那該有多好？」

這樣的夢想，原本只是一時念頭，沒想到，十年後，吳永修成了社區發展協會的理事長，終於也實現了夢想。

媒體披露缺書，各界響應捐贈

五塊社區發展協會成立於一九九五年，但鮮少舉辦活動，幾乎呈現停擺的狀態，後來政府推動農村再生計畫[註1]，社區居民期待爭取經費建設家園，慢慢醞釀組織社區力量，吳永修便於此時被推選擔任理事長，才有機會分享「讀冊館」的夢想。

五塊社區的讀冊館在二〇一一年一月落成啟用，原本缺書嚴重，沒想到經媒體報導後，隔天竟湧入了三百多通電話，還有美國的留學生看到消息，請嘉義的母親和姊姊送書到雲林，共同響應捐書的活動。讀冊館目前已經有兩萬冊的館藏書籍，為了配合學校作息，每星期三、六、日對外開放，也有志工輪值服務。

特別的是，讀冊館採取「良心借書法」，借書只要登記簽名，就可以帶回家閱讀，村民都會主動歸還。運作一年半以來，已經有三、四百人借書，也不限五塊社區的居民，範圍擴及鄰近村落。讀冊館不僅是閱讀中心，也成為五塊社區舉辦藝文或休閒活動的場所，加強了居民的互動，也有效凝聚了社區的力量。

註1——農村再生計畫於二〇一〇年由農委會頒布施行，主要構想為整體環境的改善、公共設施的興建、個別宅院的整建、產業的活化、文化的保存、生態的保育等項。

募集農業書冊，幫助拓展新知

讀冊館收藏的不只是書，也裝載著社區的未來。吳永修表示，讀冊館慢慢培養居民的閱讀風氣，鄉下常見隔代教養的狀況，假日的時候，阿公阿嬤帶著孫子到讀冊館，有些老人家雖然看不懂書，但孫子會念書給他們聽，達到親子互動的功能。

吳永修的下一步計畫，是募集農業書籍，讓當地農民吸收新知，提升農業發展。「鄉下農民不太可能到大學去念書，但讀冊館可以舉辦農業講座和研習活動，推廣農業知識。」吳永修說，讀冊館募集農業書籍，除了提供資料查詢，最主要未來可以搭配農業的研習活動，讓農民們透過講座或課程學習成長，同時也增加彼此之間的交流。

回鄉路永不悔，全家為社區撩落去

吳永修和妻子黃瑪莉回鄉十年，回首來時路，有苦有樂，如今有了自己的溫室農場，雖然還在摸索學習，但一家子能夠共同耕作，種些番茄、小黃瓜和美濃瓜等作物。走出農場，現在讀冊館裡有孩子讀書，有老人在拉二胡，彼此寒暄問候，社區意識已經在這片土地逐漸生根。看到這些情景，吳永修滿足地說：「回鄉是一輩子不會後悔的決定。」

念電機系出身的吳永修，雖然在農村長大，但不是農家子弟，從小不曾下田耕作過，卻在年近半百時，有了返鄉務農的願望。剛返鄉時，吳永修開了一家工程公司，專門承包台電的高壓電工程，沒想到，意外被選上社區發展協會理事長，一頭栽進社造工作，事業也就此停擺，老婆一度被蒙在鼓裡，氣到一星期不跟吳永修說話。

黃瑪莉說，他們很喜歡鄉下生活，但聽到要投入社區志工，難免會擔心家計問題，不過，為了力挺老公的決定，最後全家人還是「撩落去」。

在吳永修帶頭下，黃瑪莉負責帶領社區老人的樂齡班，至於社區協會的文書作業，就交給兒子負責。吳永修的廂型車總是載滿社區表演的道具，因此常被誤認為是路邊攤賣藥的小販。雖然預期的生活意外地有了改變，卻反而找到許多之前不曾有過的樂趣，也大大豐富了吳永修一家人的人生。

↗五塊社區居民透過活動彼此分享自己栽種的蔬菜。（五塊社區發展協會提供）

困境：「農村很久都沒動了，簡直快變成植物人！」

社區意識抬頭後，五塊社區逐漸打響名號，成為雲林縣績優社區。這一群社造的門外漢，原先連上台簡報都不會，在貴人相助下，才慢慢摸索出一條路。

「農村很久都沒動了，簡直快變成植物人，哪有那麼容易再生？」吳永修說，政府雖然用意良善，想要大力推動農村再生，但農村社會缺錢又缺人，推動參與的人都是志工，哪有辦法扛起這麼大的改造工程？政府必須要有完整配套規畫，強化社區的組織功能，凝聚社區力量，不然擲再多的經費，也無法帶動農村再生。

吳永修和夥伴們憑著一股熱忱投入社造，實際行動後才發現改造農村困難重重，他們靈機一動，先辦場中秋聯歡晚會，搭配摸彩活動，吸引居民參與。「我們辦活動，不是喊一喊就有人會參加，自己要出錢，也要出力。」黃瑪莉說，為了宣傳活動，他們挨家挨戶發傳單，居民若不在家，一天得跑好幾趟。此外，他們還自掏腰包買摸彩獎品，前後花了四、五萬元，「第一特獎是一萬多元的電冰箱，也是我們家捐的。」

這股帶動社區的熱情，旁人看成是傻勁，但也因為傻勁，不可能的事情才會化為可能。原本不被看好的社區晚會，預估只有三、四十人參加，沒想到，當晚湧入了四百多人，人數逼近全社區的三分之一，成了有史以來第一場由社區自辦、規模最大的晚會，讓社區幹部大大受到鼓舞，並再接再厲，負責規畫辦理元長鄉樂齡學習資源中心[註2]的多項活動，帶領一群社區的阿公阿嬤，拿下了中部成果競賽的第一名。

註2──教育部於二〇〇八年起，補助各縣市（含直轄市）政府設置樂齡學習資源中心，以因應台灣邁入中高齡社會可能面臨的需求與問題。

突圍：為下一代，阿明伯種田捐錢相挺

讀冊館是五塊社區居民的夢想，在人稱「阿明伯」的老農蔡振明捐出賣米所得後，總算完成最後一哩路，順利落成啟用。吳永修說，阿明伯平時省吃儉用，一個月花費不到三千元，為了五塊社區的下一代，卻毅然捐出十二萬元，添購讀冊館的書架和樓地板。這是老農回饋鄉里的感人故事，也是五塊社區居民合作築夢的具體展現。

五塊社區的居民過去從來沒有「社區」的概念，也沒有人願意參與社造工作。黃瑪莉說，他們夫婦不懂「社區」，村裡的阿公阿嬤也不懂，大家都是邊做邊學，如今有了社區意識，只要有活動，村裡也會有志工投入，大家不再只是自掃門前雪，也願意為社區做事。

阿明伯今年七十二歲，一生歲月奉獻給農田，從十四歲下田務農，如今依舊每天巡田水，把耕作勞動當作運動。阿明伯從小愛玩，不愛讀書，雖然認不得幾個字，卻希望下一代能多讀書，所以力挺讀冊館的工作。

阿明伯說，五塊社區人口外流嚴重，好不容易有人願意投入社區工作，他當然要力挺支持，不讓吳永修夫婦孤單，所以他曾經允諾，只要社區有需要，他能幫上忙，就會力挺到底。當讀冊館需要書架時，他義不容辭貢獻一己之力。

↗農人蔡振明捐出十二萬元的賣米所得，讓讀冊館添購設備。（黃國峰攝）

動員，齊步走

行動指南

前往雲林縣元長鄉五塊社區，實地走訪台灣農村現況。
聯絡五塊社區讀冊館，詢問是否有書籍或其他物資捐贈的需要。

官方網址

五塊社區發展協會 http://gotowukuai.blogspot.tw/

參觀資訊

五塊社區耕心園讀冊館（元長鄉信義國小內）——
◎地址：雲林縣元長鄉北水路8號 ◎電話：0921-987-368（吳永修）
◎開放時間：週三13:30～16:30，週六、日9:00～12:00

以傳統藝術妝點農村

受訪◎謝東哲　對談◎小野　執筆◎謝錦芳

謝東哲

動員者——謝東哲，傳統交趾陶與剪黏工藝匠師，現為古笨港交趾陶工作室負責人。
動員組織——板頭社區發展協會，1994年創立。
基地：嘉義縣新港鄉 **面積**：66平方公里 **人口數**：33,884人 **人口密度**：513人/平方公里 **平均年齡**：42歲（資料來源：內政部資料至2012年11月底）

新故鄉動員令

嘉義縣新港鄉

最貧瘠的地方，往往有最豐富的歷史文化。五年前，嘉義新港奉天宮開台媽祖出巡到紐約，為台灣爭取加入聯合國。這尊媽祖是一六二一年鄭芝龍來台時供奉在船上的「船仔嬤」，而鄭芝龍當年登陸的笨港，就在今日的新港附近。儘管昔日榮景一去不復返，嘉義新港板頭社區發展協會理事長謝東哲帶領村民們，努力把家鄉打造為美麗的藝術農村。

風頭水尾之地，傳統工藝代代傳承

謝東哲說，清乾隆時期，笨港人口高達四千多人，如今板頭社區常住人口只剩四百多人。乾隆晚期，笨港溪氾濫，將笨港街中分為二，成為笨南港與笨北港。漳泉械鬥加上水患多，笨南港的漳州人多數遷移到「麻園寮」，稱「新南港」，成為今日新港發展的起源。

板頭社區是新港最偏僻窮困的村子，有「風頭水尾」之稱，東北季風來時，風沙非常大，又是河川灌溉水末端，因此多半種植地瓜、玉米、甘蔗等旱作。謝東哲小時候常聽老人家提起，晚上睡覺醒來，背部溼溼的，原來大水淹到床上了。由於水災頻頻，百年來他的家族進行了兩次大遷村。

一九〇六年，新港發生大地震，林懷民的曾祖父林維朝主持奉天宮的整建，聘請廈門交趾陶與剪黏名師洪坤福來台，人稱「尪仔福」的洪坤福在新港地區招收許多徒弟，把交趾陶與剪黏工藝[註1]留了下來。國家民族藝師林再興是洪坤福的第三代傳人，而板陶窯文化發

註1——交趾陶與剪黏為傳統廟宇裝飾藝術，交趾陶是一種低溫燒製的軟陶，剪黏是將各色陶片黏在灰泥模型上，作法類似西方的馬賽克藝術。交趾陶與剪黏的裝飾位置常見於廟宇的屋脊、牆面等處。

↗板頭社區一處堤防上的「四季苦楝」公共藝術，讓農村成為旅遊新亮點。（鄭光宏攝／中國時報資料照片）

展協會理事長陳忠正為第四代傳人，到了謝東哲則是第五代。

糖業時期鐵橋鐵道，化身藝術景點

板頭社區是一個充滿歷史感的地方；在國定古蹟水仙宮附近挖出古笨港商店街道遺址，有三個秤錘出土，還有許多文物。此外，在復興鐵橋附近也曾挖出許多遺址。

謝東哲指出，橫跨北港溪的復興鐵橋，興建於一九一一年，當年主要是載運甘蔗，後來成為進香客的熱門交通路線。隨著糖業沒落，鐵路停駛，二〇〇〇年時台糖打算拆除鐵道，謝東哲與地方文史工作者聯合搶救，如今是現存最長的五分車[註2]鐵道。二〇〇五年，板頭社區集結三十多人共同清理廢棄鐵道，完成許多交趾陶與剪黏公共藝術，這條藝術鐵道也成了村子一大特色。

遊客湧入帶商機，大壁畫吸睛

謝東哲說，先前有一些年輕藝術家進駐，與社區裡的老師傅合作，取材當地常見的牽牛花、山芙蓉與苦楝樹，完成許多大型的交趾陶與剪黏壁畫。此外，每戶人家的外牆都有不同的剪黏藝術；他自己則取材梵谷名畫，在自家圍牆上完成「牧童的夢想星空」大壁畫。

板頭社區的交趾陶與剪黏公共藝術吸引了全台各地遊客，光是二〇一二年春節七天假期，遊客就高達十三萬人。謝東哲說，大年初二湧進兩萬多人，真是始料未及。當時田間小路大塞車，他趕緊拜託居民出來指揮交通，把休耕農地變成臨時停車場。村民們很開心，因為「七天停車費收入就抵上兩季的稻子。」阿公阿嬤也紛紛把自家種的農產品拿出來賣給遊客。

註2——日治時期台灣為發展糖業而興建專用的運輸鐵道，主要運輸製糖用的甘蔗，同時也兼營客運。「五分車」是地方上對糖鐵火車的俗稱。

↗以「新港仲夏夜」為主題名稱的大型工藝作品。（中國時報資料照片）

↗板頭社區內許多交趾陶及剪黏公共藝術，已成為當地觀光景點。（黃國峰攝／中國時報資料照片）

鄉下生活很幸福，藝術注活力

穿梭田間的觀光小火車是板頭社區的一大特色。這些改裝的小火車是居民的創意，最初只有一輛，目前發展到六輛，定時定點搭載遊客繞著社區的幾個熱門交趾陶公共藝術景點，停下來讓遊客們拍照，同時體驗鄉村悠閒的氣息。

板頭社區的藝術鐵道成為熱門觀光景點，為社區帶來新的商機與活力。但是每天大量遊客湧入板頭社區，也帶來大批的垃圾。謝東哲說，多虧社區裡有一群超齡志工，他們平均年齡七十歲，最高齡的有八十六歲。這些阿公、阿嬤每天早上五時許就到社區裡撿垃圾，大約花兩個小時把社區打掃得乾乾淨淨。謝東哲希望，外來的攤販定期回饋給社區，濟助社區裡獨居老人，讓板頭社區變成一個幸福的藝術農村。他強調：「鄉下的生活，可以很幸福。」

河邊玩泥巴，撿五帝錢

板頭社區到處是歷史古蹟，謝東哲提到小時候在河邊玩泥巴、撿五帝錢（泛指清朝順治、康熙、雍正、乾隆、嘉慶等五位皇帝當政時所通行的銅錢）的經驗，讓小野羨慕得不得了。北港溪畔有黑色陶土，那是做交趾陶的材料。謝東哲說，板頭社區的孩子從小玩到大，一邊捧陶土，一邊念口訣：「烘爐茶壺，弄破要補。」他經常在放牛時跑到河邊玩泥巴，由於自己的手藝不錯，與其他小朋友比賽捧泥巴時，總是贏家。而經常在北港溪裡撿到的五帝錢，一個能賣五元，湊足五個可以賣三十元，經常有古董商來收購。謝東哲說，因為蒐集古錢的關係，他從小就認識了上頭的這幾個字。

聽到謝東哲的童年往事，小野感慨說，自己小時候玩尪仔標，蒐集白雪公主泡泡糖卡片，但從來沒撿過五帝錢。比較起來，鄉下小孩的童年比都市小孩有趣多了。

少年定志向，壯年返鄉為圓夢

板頭社區非常貧瘠，老一輩總是說：「這個村子一百年都不會發展，你們長大後要到外面去打拚。」謝東哲的許多同學，國中畢業就去當黑手。不過，他從小愛畫畫，國中畢業時主動告訴父親說：「我不要當黑手。」於是十六歲時就跟著姊夫陳忠正學交趾陶與剪黏，而後在外頭四處接工作有十年之久，其間曾參與松山慈祐宮、松山媽祖廟、台南西來庵、台南南鯤鯓代天府等廟宇的交趾陶施作。

一九九〇年，在新港文教基金會理事長陳錦煌與執行長廖嘉展等人號召下，謝東哲回到家鄉開設工作室，擔任文史志工，並開始研究自己的家族；由於自己眼珠子顏色較特別，他推測家族中可能有荷蘭人的血統。

九二一大地震，全台許多廟宇需要翻修，謝東哲的工作室接了大批訂單，規模倍增。六年後，他在板頭社區成立全台第一個交趾陶文化園區。一個河邊放牛的牧童，成為藝術莊園的主人，謝東哲逐步實踐了自己童年的夢想。

↖謝東哲在自家圍牆上的作品，名為「牧童的想像星空」。（謝東哲提供）

困境：遊客公廁不足，居民生活受打擾

板頭社區的藝術鐵道，每到假日吸引上萬遊客，雖然增加新的工作機會，讓年輕人回流，但大量遊客也造成社區的超量負荷。眼前最迫切的問題是，社區裡公共廁所不足，上萬名遊客為解決如廁問題，必須大排長龍，相當不方便。

拜網路之賜，板頭社區的交趾陶與剪黏公共藝術登上點閱率第一名。每到假日，藝術鐵道附近聚集許多攤販，販賣各種小吃、冰品，以及手工藝、農產品等，其中有不少攤販來自外縣市，必須集中管理。謝東哲表示，目前最大問題是公廁不足，但法令規定農地上不能蓋公廁，問題相當棘手。

板頭社區裡有一百七十多戶人家，主要是老人，許多老人家習慣中午在樹下小睡片刻，但遊客來了，經常造成干擾。此外，有些遊客好奇，甚至跑進居民的廚房參觀，也造成困擾。謝東哲指出，他們無法禁止遊客來參觀，也很難控制人數，為了降低這些不必要的困擾，未來有必要訂定一個基本的公約，希望來參觀的遊客也能尊重當地居民的日常生活。

↗走進板頭社區，隨處可見剪黏與馬賽克藝術品。（陳志東攝／中國時報資料照片）

突圍：活化空屋，開辦交趾陶體驗營

板陶窯與古笨港陶華園是板頭社區最大的交趾陶與剪黏工作室，共雇用了兩百多人，成為當地最重要的產業。謝東哲表示，社區裡有許多獨居老人，孩子們都在外地打拚。如果能創造新的工作機會，吸引更多年輕人回來，一方面陪伴年邁父母，同時也讓社區重現活力。近年來他的工作室接了許多訂單，為其他社區打造交趾陶與剪黏公共藝術。

由於人口嚴重外流，板頭社區約有五十棟老房子沒人住。謝東哲指出，社區裡的老人家過世，年輕子女辦完後事就離去，留下許多空屋非常可惜，他希望有機會可以將這些空屋活化，提供給外地藝術家駐村創作，或開辦交趾陶兒童體驗營，讓都市的小朋友到鄉下體驗農村生活與捏陶的樂趣。

↗「古笨港三醉芙蓉」為板陶窯文化發展協會理事長陳忠正與居民共同創作的作品。（黃國峰攝）

動員，齊步走

行動指南

前往嘉義縣新港鄉板頭社區，實地感受傳統藝術結合農業社區的創新風貌。

參觀資訊

新港水仙宮──◎地址：嘉義縣新港鄉南港村舊南港5鄰58號◎電話：05-7811751

古笨港陶華園──◎地址：嘉義縣新港鄉南港村117之86號◎電話：05-7812588
◎開放時間：9:00～18:00(17:00停止入園)，週日公休（團體預約除外）

板陶窯交趾陶剪黏工藝園區──◎地址：嘉義縣新港鄉板頭村45-1號、45-2號
◎電話：05-7810832◎開放時間：9:30～17:30，每週一（暑假期間除外）、清明節及除夕休息。

古笨港戶外考古園區──◎地址：嘉義縣新港鄉板頭社區內

復興鐵橋──◎地址：嘉義縣新港鄉板頭社區內

台灣詩路美麗蜿蜒，大家來讀詩

受訪◎林明堃　對談◎吳念真　執筆◎江慧真

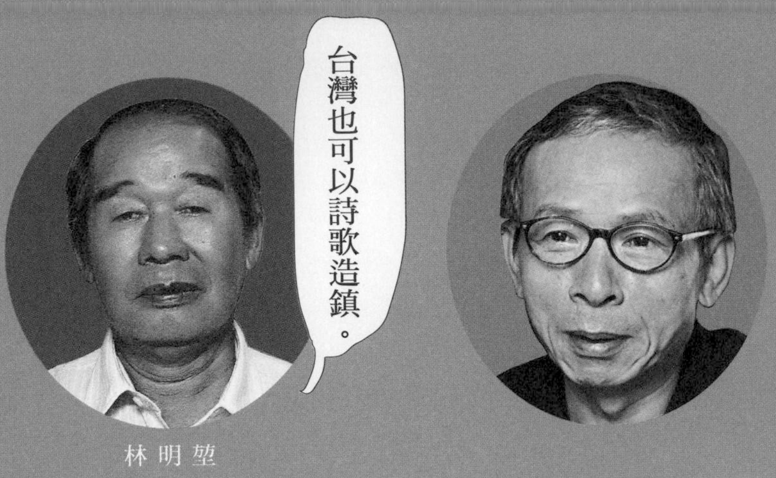

林明堃

新故鄉動員令

動員者──林明堃，任職台灣糖業公司，南華大學建築與景觀研究所畢業，並擔任月津文史發展協會祕書長。
動員組織──月津文史發展協會，1996年創立。
基地：台南市鹽水區 **面積**：52平方公里 **人口數**：26,717人 **人口密度**：511人/平方公里 **平均年齡**：43歲（資料來源：內政部資料至2012年11月底）

一六八九年，日本詩人松尾芭蕉遊山涉水，從新潟到岐阜縣走了兩千四百公里路。五年後，他記載這段旅程風光，寫下著名的「奧之細道」；後代追尋「俳聖」循過的足跡，打造了一條聞名全球的文學步道。而在台灣台南，在林明堃的心中，也有一條聽風吟遊的詩路。

詩歌造鎮，要讓月津風華再現

車子駛入台南市鹽水區田寮社區的鄉間小徑，抬頭，奪目耀眼的木棉才入眼；低頭，就俯見高低起伏的陶版詩河。三百八十公尺的花海，平仄曲折的台語音律，襯著迎賓鐘，在風中飛揚。這兒，就是月津文史發展協會祕書長林明堃打造十年有成的「台灣詩路」。

林明堃細數歷史，鹽水是台南最早創建的城鎮，「一府二鹿三艋舺四月津」，月津港是位居倒風內海[註1]的渡口，因形狀如同彎月而名月津，即今鹽水區。短短三百多年，這個移民社會見證了荷蘭人、日本人、外省族群的興衰變遷和滄海桑田；日治後期，傳因地方仕紳迷信風水，怕斷了龍脈影響繁榮，力阻鐵路省道鋪建，導致地方發展轉到新營而沒落。

「漲潮時分，台灣海峽海水從這裡滾滾進來，落日餘暉照下，彷彿日進斗金。今天雖然沒落，為什麼不讓月津風華再現？」林明堃說，日本人尊重歷史、喜愛文學，文學可以造鎮，諾貝爾文學獎得主川端康成的《伊豆的舞孃》，都可以化身成有百年旅館、隧道和河津七滝步道，擁有數百年歷史的台灣，為什麼不能詩歌造鎮？

註1——倒風內海為台灣西南沿岸一處大型潟湖，在十七世紀的台灣地圖上可清楚看見其所在位置，歷經三百多年的演變，今日已淤積形成陸地。今日的台南市鹽水區為昔日倒風內海的一部分，月津港則為倒風內海的四大港之一。

↗台灣詩路上的「淡水暮色」詩句。（大魯文創公司提供）

啟動社區營造，選詩大獲迴響

「詩歌造鎮」的夢想，從一顆小小的木棉花籽開始。一九七六年，林明堃才二十五歲，愛上木棉花英雄般綻放的敢愛敢恨，口袋空空沒錢的他，只好低頭尋覓撿著花籽，自己土法煉鋼學育芽，在水圳旁的公家地上，流下一滴滴汗水，埋進一棵棵木棉樹苗，他的心中，也同時種下「我要做一條文學步道」的宏願。

一九九九年，林明堃的南瀛社區營造計畫，終於得到縣政府青睞，拿到了第一名四十萬元經費。有了錢，他的第一個動作，是找上真理大學台灣文學系主任林政華選詩，熱心的林政華、莊柏林、黃勁連等人協助廣發信函徵選，希望找到有代表性、涵蓋台灣土地和感情的詩作。出乎意料的，選詩過程獲得國內文學界熱烈迴響，但由於收錄空間、篇幅效果有限，有些長詩只能採取「節錄」方式呈現；而去年加入二十幾首原住民詩作後，台灣詩路的內涵更加完整。

陶版載著詩，砌出月津新生命

在林政華巧思下，台灣詩路有了詩作、入口意象，也有了「雲牆讀詩」的概念，更在台南白河陶坊主人林文嶽贊助下，經作者同意授權，把上百首詩文用陶版燒鑄，烘成後砌上蜿蜒曲折的雲牆，「水泥擦破了指尖，皮膚被曬得作痛，但更有一種扎實的存在感！」社區義工的幫忙，讓這條台灣詩路豐富了深度。林明堃回憶，很多社區媽媽因早年困苦不識字，為了讓她們一同參與，把每一片陶版上標號碼，照號碼排列就可順利完工。這條詩路在建造的過程，再度寫下生命故事，擁有了彼此的認同。

三十年後，木棉籽已成聳立雲霄的木棉道，台灣詩路也綿延十二年。每年春天，月津文史發展協會在此舉辦賞詩大會，邀請各方好漢來讀詩、賞詩、吟詩、作詩，回首過去，林明堃的話像音符般跳動在空中，「時間的河在流動，水圳的水在流動，木棉和黃金風鈴接棒盛開，月津的故事也延續了！」

難忘歷史文學，致力老街保存

出身農家，林明堃父親做的是「番薯籤」生意，號稱番薯籤市市長，從小勤勞農事的他自嘲：「就是因為太勤力了，從此和讀書無緣！」農校畢業的他，雖在台糖捧了一份鐵飯碗，卻始終難忘歷史文學，最後一路讀完成大歷史系、南華大學碩士班；投入社區營造的第一步，也得從一張懷舊的藝旦照片說起。

當時橋南老街[註2]的住戶找上林明堃，開始了保護百年老街活動，「這都是清朝留下來的街屋，鹽水只有一個興隆橋，船在此上岸，老屋就在橋南邊。」老屋的窗戶，是活動拆卸的木板，林明堃將老屋改造成咖啡屋，堅持員工每天清早來，「把窗戶木板一塊塊卸下來，下班再一塊一塊放回去，這樣才叫做一天。我們全年無休，整整搬了七百三十天！」

註2——橋南老街緊鄰昔日鹽水港航道旁，是鹽水區最早形成的一條商業街道，也是清領時期鹽水通往南部聚落的交通要道。

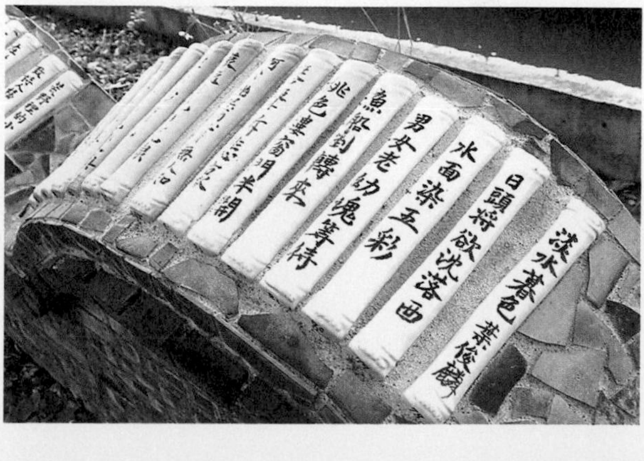

↖燒鑄在陶版上的詩文。（大魯文創公司提供）

回顧日治初期月津風華，酒家市集人聲鼎沸，很多人因為抽鴉片而傾家蕩產，常有這家那戶「今年賣姊姊、明年賣妹妹」的辛酸故事傳出，也留下許多藝旦的黑白照片；林明堃於是在老街賣起咖啡，聽南管音樂，看藝旦照片，老街從此聲名大噪，還成了電視劇場景。

期待全民讀詩，喚回土地的生命

清明時　落雨期　大雨拼咧兩三暝
簾簷水　插插滴　親像阿母的目屎　掛目墘
清明時　落雨期　雺雺仔雨落袂離
山路邊　草離離　親像阮的思念　沿路生
野風赫爾大　吹痛阮的心肝
阿母汝慢慢仔食　毋免趕
有阮佮汝作伴

這是退休老師藍淑貞所寫的〈培墓〉詩，追憶母親之情，行雲流水砌在台灣詩路之間。林

↗台灣詩路在每年春天會舉辦音樂會，由各地詩人吟遊朗讀。圖為詩人張德本。（月津文史發展協會提供）

明堃的這條路，從撒下木棉花籽的那天，他走了三十多年，對鹽水田寮社區來說，這裡有的不只是動人的詩篇，而是一條鄉民緬懷過去、逐夢未來的路。

「台灣詩路」寫著上百首的詩句，但得過南瀛文學獎散文類佳作、現代詩首獎的林明堃，卻始終謙虛不肯放上自己的詩。他期待全台灣的人都來讀詩，就如作家宋澤萊在《福爾摩莎頌歌》中所說：離開泥土的人，須再回到泥土，用土地的生命來革新整個城市，讓健壯的新歌來喚回沉溺的靈魂；然後，我們像候鳥和魚新生在我們的大地！

↗老照片中的藝旦，訴說著百年月津的風華與滄桑。（陳易志翻攝／中國時報資料照片）

困境：鹽水不能只有蜂炮，下一步修三合院

林明堃說，十多年來，個人的力量有限，田寮社區很小很樸素，總共才七十戶、三百多人，但居民感情好、不計較，每每農作收割，大家互相贈送，拜託厝邊隔壁「幫忙吃」的這種互助精神，加上外地遊子的回饋，是「台灣詩路」能夠完成的主因。

「台灣詩路」走到底，有個古樸的三合院。三合院裡，有個出外遊子的返鄉故事。林明堃的小時玩伴、華陽創投集團董事長王家和，就是三合院的主人。王家和回憶，小時候窮，只好上台北打拚，等到事業小有成就時，開始想家，但台灣選舉文化卻把地方的氣氛搞得怪怪的，幫誰都不大對，所以多少有點抗拒感，「可是有一天，回家看到這排木棉道，我很感動，我們都落跑去台北賺錢了，他，卻留在家鄉盡心盡力。」

「家，是生活的經驗，土地的連結，但現在人對故鄉感情已經很淡很失落，我從父親手上接下這棟房子，就有責任把房子、把歷史、把文化傳下去！」王家和說，把三合院捐出公共使用，讓文史協會總體社區規畫，為的是讓每個人享受故鄉的感情。

林明堃心中，還有一個藍圖：把台南鹽水田寮打造成全台灣三合院密度最高的社區，他已向公部門提出農村再生計畫，申請十間三合院整修計畫，希望讓全台灣人看到三合院的美，形塑陶淵明的桃花源，「鹽水不是只有蜂炮，我們需要一個可以長久停留的東西，無論是氣味、氛圍或文化，而不是鞭炮放完就沒了。」

↗彰化八卦山文學步道，沿途有彰化早期文學家詩作銘刻。（黃志亮攝／中國時報資料照片）

突圍：台灣文學意識，在寶島遍地開花

台南鹽水田寮社區的「台灣詩路」，約三百公尺長，兩側綿延了長達三百八十公尺的花海。蜿蜒雲牆上的詩，記錄著日治時代至今的台灣，從生活點滴到國家大事，對象從農民、鹽工、村婦到雛妓，盡是詩人對土地和親人的情感。

從第一首賴和的〈農民謠〉描寫台灣早期農民之苦，到楊守愚的〈貧婦吟〉道盡早期台灣婦女的心酸，黃勁連以〈鞋破底原在〉紀念父親，而許正勳的〈曝鹽〉深刻描寫鹽業，也描繪了台灣一百年來的社會民情。

林明堃指出，近三十年來，新文學意識抬頭，各地開始注重台灣文學，詩歌步道因此興起；台灣具有文學意涵的步道，最早要屬台北市中山南路上的景福門。一九一一年，思想家梁啟超應台灣政治運動領袖林獻堂的邀請，從日本到台灣遊訪，下榻於景福門附近旅館，留下〈台北城〉一詩：「清角吹寒日又昏，井幹烽櫓了無痕，客情冷似秦時月，遙夜還臨景福門」。

一九八三年八月美濃落成的鍾理和紀念館，則是台灣第一座由民間集資興建的文學家紀念館，由林海音、鍾肇政、葉石濤、鄭清文等作家發起籌建；鋪設在紀念館前的文學步道，開啟日後步道的風氣。而台北市松江路上的松江公園，也在一九九一年由民間企業合力改造為詩園。此外，二〇〇一年，學術界陳芳明、施懿琳、楊翠和詩人吳晟等籌畫了八卦山文學步道，不僅樹立人文典範，文學年表廣場的設計，更可完整瀏覽台灣文學發展的軌跡。

動員，齊步走

行動指南

前往台南市鹽水區田寮里的「台灣詩路」，實地感受台灣文學詩的情感與意境。
參加每年三月舉行的「台灣詩路詩歌吟唱會」，實地感受聆聽讀詩的動人力量。

官方網址

月津文史發展協會 http://moon-port.ehosting.com.tw/

參觀資訊

台灣詩路——◎地址：台南市鹽水區田寮里68號
橋南老街——◎地址：台南市鹽水區橋南里橋南街
台灣詩路詩歌吟唱會——◎洽詢電話：06-6529756

兒童圖書館擁抱弱勢

受訪◎幸佳慧　對談◎吳念真　執筆◎林上祚

幸佳慧

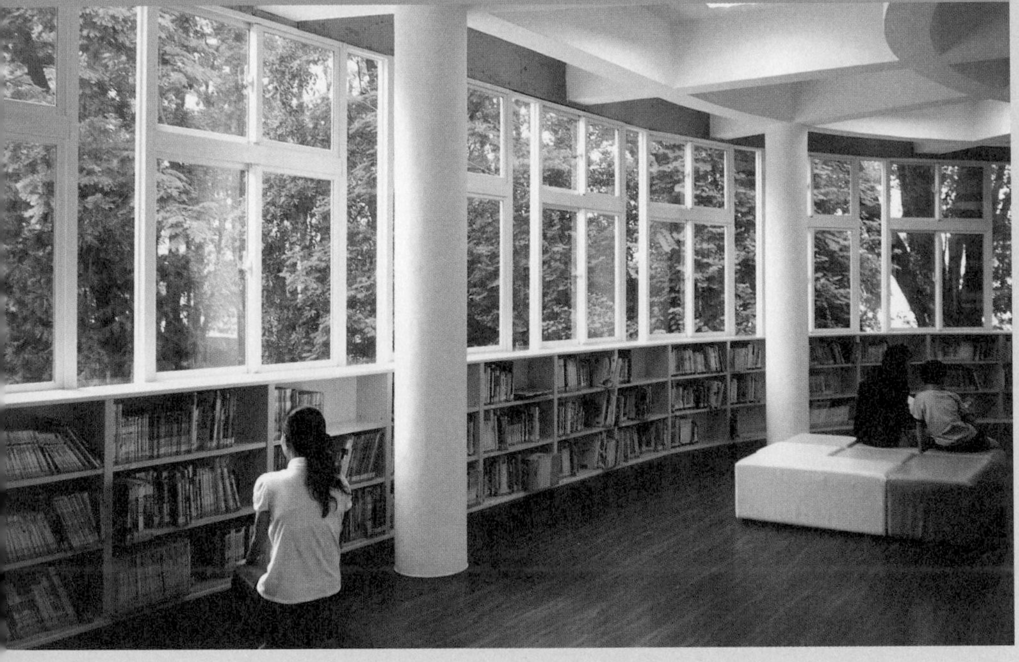

台南市北區

新故鄉動員令

動員者──幸佳慧，從事兒童文學翻譯、創作、評論及研究，現任葫蘆巷讀冊協會理事長。
動員組織──葫蘆巷讀冊協會，2011年創立。
基地：台南市北區 **面積**：10.43平方公里 **人口數**：132,242人 **人口密度**：12,674人/平方公里 **平均年齡**：39歲（資料來源：內政部資料至2012年11月底）

金鼎獎作家幸佳慧是位童書界的奇女子，一般童書不碰觸的沉重議題，如白色恐怖、環保等議題，幸佳慧把它們轉化為兒童讀本。二〇一一年六月，她返回台南故鄉成立「葫蘆巷讀冊協會」。為了營造一個以兒童為本的閱讀環境，她自告奮勇地接下了台南市兒童圖書館的委外經營案，張開雙臂，擁抱那些原本被圖書館排拒在外的學齡前兒童與新住民。

人權、環保議題入書，填補童書文化真空

「童書必須站在小朋友立場，把故事講給小朋友聽，真的很不好寫。」吳念真以過來人的口吻，好奇幸佳慧為何走上童書這條路？

幸佳慧說，她念大學時台灣解嚴，解嚴後台灣文化劇烈震盪，誠品書店扮演重要啟蒙角色。她在誠品接觸到充滿創意的外文童書，是她從小到大的學習經驗中所缺乏的，她發狂地從中擷取養分，隨後進入明日報，擔任網路閱讀版記者，負責童書版編採工作。

幸佳慧發覺，台灣童書文化有一個亟待填補的中空，讓她毅然地前往英國攻讀兒童文學博士，留學期間，還寫下《跳進兔子洞》等童書。

「為何台灣童書這麼不好看？文本的精神層次，呈現出來就不如國外，這中間到底出了什麼問題？」幸佳慧在國外求學過程，不斷問自己，最後決定自己動筆寫童書。從《希望

↗台南除了美食，還有一座位在公園綠蔭中的兒童圖書館。（幸佳慧提供）

小提琴》處理白色恐怖受刑人陳孟和[註1]，囚禁綠島期間與家人書信往返的故事，到《哇比與莎比》以國光石化開發案（見七八、七九頁）為引子，處理環保議題。幸佳慧的童書，事實上，就是為了填補台灣童書在歷史及文化主題上的真空。

吳念真說，幸佳慧寫的童書，有一種奇怪的企圖。以《希望小提琴》為例，從大人角度聽陳孟和故事，是會流眼淚的，幸佳慧透過童書，把台灣小朋友帶入人權與歷史的敘事脈絡中，去理解台灣過去歷史狀態。從大人角度看，有一種會心一笑的感覺。

幸佳慧說，在英國攻讀兒童文學博士，學程到了最後都回歸到人類文明進程的探討，「人在國外，你會不斷被問到，你們國家有沒有侵害人權的歷史，這些歷史有沒有成為童書的文本？」

幸佳慧直言，她過去從未想過要當作家，但面對台灣童書的書寫主題在歷史這部分所留下的空白，幸佳慧感到慚愧、生氣，氣的是「到底是誰把我教成今天這樣子」，既然沒有人做，就由她來做吧！在她遇到《希望小提琴》主人翁陳孟和時，她覺得老天爺在給她出難題，要她寫出一本人權議題的童書，「有些事情，不做，會對不起自己良知。」

唱唱跳跳盡情搞怪，兒圖亮起來

幸佳慧日後返回母校成大演講，當天主題是「黑暗議題」繪本，演講的內容是處理自殺、家暴等沉重的社會議題，講完以後，台下成大醫護人員都哭了，「我突然覺得，自己該為故鄉台南做一點事，剛好台南有一群朋友，知道我要回台，就慫恿我成立閱讀團體，

↗台南市立圖書館將「故事大會串」活動與教育部的親子閱讀講座結合，希望開啟親子閱讀的新視野。（洪榮志攝／中國時報資料照片）

葫蘆巷讀冊協會就此成立。」

葫蘆巷讀冊協會成立沒多久，二〇一一年十一月又接下了台南市圖書館兒童圖書館的委外經營，把缺人、缺錢、沒熱情的公立圖書館，轉化成充滿兒童歡笑的閱讀園地。「這一

註1——陳孟和，台北市人，一九三〇年生。一九四八至五二年間二度被捕，罪名分別是「投共」及「參加共匪外圍組織」，刑期總共十五年又七個多月。在綠島服刑期間，就地取材，製作了一把小提琴，送給自己妹妹的女兒。

↗台南市森林兒童圖書館一角，窗外就是台南公園。（幸佳慧提供）

↗幸佳慧在兒童森林圖書館的親子閱讀活動中，與小讀者互動的情形。（幸佳慧提供）

切都是美麗的意外。」幸佳慧說，葫蘆巷讀冊協會成立說明會當天，台南市市立圖書館館長葉建良剛好前來聆聽，過了幾天，他找幸佳慧過去聊，問她能否協助台南市圖舉辦一些活動。幾場活動辦下來，葉建良又進一步詢問她，有無意願承攬兒童圖書館的經營。

雖然一切來得突然，但幸佳慧並不慌張。葫蘆巷讀冊協會雖只是草創，但參與的人士素質頗高，會員中有一、二十位教授、博士，其中的崑山科技大學幼保系系主任謝斐敦，便與幸佳慧共同接下兒童圖書館的經營工作，「過去的工作經驗，讓我在童書出版界累積不少資源，一個人用也用不完。有發展平台，資源才能釋放出去，圖書館就是這樣的平台，可以在上面發展組織、交換資源。」

要怎麼讓兒童圖書館亮起來？幸佳慧首先讓它動態化，唱啊！跳啊！玩啊！兒童圖書館的說故事活動，目前有三組，最小的年齡只有零到三歲，「我第一次看到媽媽推娃娃車進來，我興奮到跳起來。」此外，出版社、主婦聯盟等機構，也利用圖書館舉辦新書發表會、畫室等活動，讓孩子除了讀書外，還可參加其他活動。

特殊兒參加讀書會，親子共同建立自信

「有件事，我要求自己一定要做，就是照顧到弱勢族群的需求。」幸佳慧第一個讀書會，就從特殊需要兒童開始，例如腦性麻痺兒或身障兒、發展遲緩兒，他們閱讀須有人陪同，因此媽媽也會跟著來。

「我碰到一個特殊需要兒童，嗓門比較大，媽媽一直在後頭追，要他安靜下來，她看起來很緊張，於是我過去跟她聊，她以為我要去罵她，後來我才知道，她是第一次帶小孩到

公立圖書館。」幸佳慧說，在英國，圖書館裡到處看得到特殊需要兒童，但對台灣父母來說，帶特殊的孩子到公共圖書館，卻是一道難以跨越的障礙。

幸佳慧說，台灣父母對特殊需要的子女，單單照顧日常生活起居以及協助身體復健，就已筋疲力盡，然而，閱讀與復健等肢體活動相比不同的是，它可以訓練兒童注意力。缺乏注意力的孩子，日後學習上就可能被排擠掉。幸佳慧找了專家幫忙，挑選適合素材，「特殊需要兒童參加讀書會，會害怕、不安甚至吵架，開場後要等五到十分鐘，場面才會靜下來，但絕不能用高壓的方式。」

父母跟著孩子改變，主動當義工

特殊兒童的父母本來很沒信心，參加活動後轉趨積極，現在還主動去當義工，協助其他父母，讓幸佳慧看了好欣慰，「光看到孩子與爸媽的改變，你就覺得很有希望，這就好像是心智的復健一樣。」

幸佳慧如今忙於應付各地演講的邀約，她的熱力，讓台下聽講者也被感染，演講結束後主動把名片遞上來，「你缺什麼儘管開口，我們都幫你做。」這，就是公益活動最迷人的回報吧！

幸佳慧期許，台南市兒童圖書館能夠成為一個公民平台或公共空間，「提到台南，很多人想到美食，但美食之外，台南從荷蘭殖民時代的熱蘭遮城開始，有很深厚的積澱。」她期許台南從閱讀文化出發，進一步展現其文化力。

困境：汰換制度僵化，舊書破爛也難報銷

幸佳慧接手台南市兒童圖書館的經營後，發現公務體系也有不少勇於成事的人，然而，官僚制度仍難免有僵化的一面，「我在英國念書，很少在圖書館看到用膠帶黏貼的舊書，回到台灣看到一些破爛不堪的童書，詢問是否可以報銷，得到的答案居然是，不行。」

幸佳慧說，接下圖書館經營工作後，讓她最常抱怨的問題就是舊書太多，「零到三歲的兒童，把書當玩具，書很容易破壞，國外還有針對兒童族群，設計可漂浮的洗澡書。」台灣圖書館擺一些破爛的舊書，對她而言，是對讀者的不尊重。

幸佳慧曾詢問台南市圖館長葉建良，能否加速老舊童書的汰換，葉建良無奈地說：「不能丟，這是財產，圖書館書籍每年只能有百分之三的汰換率。」這些舊書因為還列在財產清冊上，得放在書架上，連收在箱子裡面也不行，「這是什麼爛規定！」幸佳慧說，制度需有彈性，成人與兒童不一樣，兒童族群裡面零到三歲與三歲以上，閱讀習慣也不一樣，百分之三的汰換率規定，實在太過僵化。

幸佳慧說，在英國，一本書圖書館被借出多少次，可以折算版稅，「這叫做公租稅。」圖書館書籍淘汰率低，這不只對讀者不尊重，也不利於出版業與創作者。沒有淘汰就沒有新書，創作者就沒有心去作更好的作品。

面對汰舊換新的困難，幸佳慧決定籌組一個台灣兒童圖書館聯盟，大家一起把圖書館經營的困難，向政府反映。

↗幸佳慧認為，孩子們看書的姿態，怎樣都美。（幸佳慧提供）

突圍：不採說教式的管理，歡迎新住民來看書

台灣教育體系對小孩，仍難擺脫威權的管教方式，從圖書館內的氣氛就看得出來。幸佳慧說，她曾經在圖書館看過一個小男孩趴著看書，她覺得，念書的姿態，怎樣都美，但圖書館管理員不久就跑過來罵，「坐好！」幸佳慧說，目前台灣圖書館的管理方式，仍是以大人維持秩序為出發點，沒有建立以兒童為主體的閱讀環境，所以小孩子趴著看書會被罵。雖然用罵的、用管的，可以收到立即的效果，但卻可能剝奪了兒童的閱讀樂趣。因此，台南市兒童圖書館的故事班，不張貼任何警告標語，遇到小朋友吵鬧，她告訴工作人員，採建議而非規勸方式。上課五到十分鐘還靜不下來，就建議父母帶小朋友到隔壁公園走一圈再進來。

幸佳慧有很大野心，希望把圖書館營造成照顧弱勢的平台，除了特殊需要兒童讀書會外，幸佳慧還準備把外籍媽媽與新台灣之子也找進來，成立新住民閱讀班。吳念真說，新住民在台灣很寂寞，可以看的書很少。吳念真母親生病期間，他聘了一位印尼外傭幫忙，為了讓她接收外界訊息，他每天晚上固定一段時間，會讓她上網閱讀印尼新聞。

「一般人講到閱讀，不會想到新住民跟其子女，這是不對的。」幸佳慧說，她知道有些家庭不希望外籍媽媽去參加公眾活動，籌組外配的親子讀書會有其困難。不過，當初兒童圖書館為宣傳零到三歲故事班拍攝宣導片時，她還是刻意找了三個新住民現身，請她們各自以自己的母語講一段話。甚至，幸佳慧想在圖書館對面的台南公園，設置一個用印尼文或越南文的告示牌，讓經常在公園裡聚集的外籍媽媽們知道:「這裡有圖書館，有印尼文、越南文的書籍，歡迎把小朋友帶到這裡。」

動員，齊步走

行動指南

前往台南市森林兒童圖書館，與孩子共讀一本書，或共享說故事時間。
加入葫蘆巷讀冊協會擔任志工，或參與讀書會。
加入「台南市葫蘆巷讀冊協會——全國唯一粉絲團」Facebook粉絲專頁，了解最新活動訊息。

官方網址

葫蘆巷讀冊協會 http://hulualley.blogspot.tw/
台南市森林兒童圖書館 http://childrentn.blogspot.tw/

參觀資訊

台南市森林兒童圖書館——◎地址：台南市公園北路5號（台南市立圖書館總館隔壁） 電話◎06-2255146分機220、221
開放時間◎週三至週日9:00～17:00，每個月末週五清潔日、國定假日不開放

太陽底下總有新鮮事

受訪◎林雨君　對談◎吳念真　執筆◎楊舒媚

林雨君

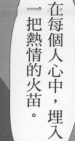

屏東縣鹽埔鄉

新故鄉動員令

動員者──林雨君，現任鹽埔鄉生活文化促進會理事長。
動員組織──鹽埔鄉生活文化促進會，1999年創立。
基地：屏東縣鹽埔鄉 **面積**：64.35平方公里 **人口數**：26,825人 **人口密度**：416人/平方公里 **平均年齡**：40歲（資料來源：內政部資料至2012年11月底）

許多人想為家鄉做點事，卻常碰到現實對理想的挑戰，吳念真自嘲：「我們這群心胸狹窄的人，會覺得怎麼認真想做件事，卻遇到這麼多阻礙。」不過，吳念真要「真情推薦」屏東鹽埔一群「小太陽」媽媽。鹽埔有很長一段時間是全台灣唯一沒有圖書館的鄉鎮；當時鄉內最興盛的「產業」，居然是鬥雞、賭博、電玩。

鍥而不捨遊說，終於換來圖書館

鹽埔鄉生活文化促進會理事長林雨君說，鹽埔婆婆媽媽們很擔心「人」的素質一直墜落，以後孩子怎麼辦，於是「有大官來的時候，我們就在他們耳朵旁邊念念念，說鄉裡連個圖書館都沒有。」

約莫「念」了十年，官方好不容易成立圖書館，但這段期間，婆婆媽媽們早自己出手，從推動「小太陽圖書館」開始，進而成立鹽埔鄉生活文化促進會，熱力四射地展開一連串志工事業，救自己的孩子、自己的家鄉。

林雨君表示，起頭的是美術老師林素梅，「她看小孩子泡在電動玩具店，就想做一個地方讓他們來看書，不要在外面四處遊蕩。」後來雖有簡單的書籍擺著，人卻不進來，一個家長提醒：「是不是該從父母的教育做起。」婆婆媽媽們隨即訓練起「故事媽媽」，林雨君說：「我們是想，要讓在地體質改變，閱讀是非常基本的東西。」

↗鹽埔生活文化促進會為了讓長輩的老年生活過得精采，成立「萬歲森巴鼓團」。（林雨君提供）

萬能故事媽媽，說而優則演

她解釋：「故事媽媽要讀書給小孩子聽，必須自己先去念書。」吳念真頻點頭說：「媽媽在看書，小孩子可能會在旁邊問：『媽媽你在看什麼？』他就會去找這本書來看。」感受到吳念真對故事威力的理解，林雨君接著講：「還有喔，故事媽媽光拿一本書在那邊念，孩子兩三下就亂起來了，為了拉住小朋友，就必須學會班級管理及增進各項能力。」

「小太陽」媽媽從說故事開始，後來還發展出「共演」一本書，即用演戲的方式一次讓四、五百個小朋友能「共看」一本書，如此衍生出「箱子藝術表演劇團」。林雨君說，其實沒有把握這對每一個小朋友造成怎樣的影響，「但種子撒下去，長成一棵就是樹。」

陪伴孩子讀書，關懷外籍媽媽

花了近十年成立了圖書館、完成階段性任務後，為了彌補定點圖書館的不足，媽媽們決定「天蠶變」轉型，於是弄了台瓢蟲車，四處飛地將故事和知識載到鄉內各地。同時，因為照顧小朋友的緣故，她們觀察到鹽埔有不少外籍配偶，於是二〇〇一年開始教她們考駕照、讀夜校，林雨君說：「不然騎摩托車會危險，有了學歷較好就業。」

從關懷外配又看出另一個問題，就是單親、隔代教養家庭為數甚多，於是婆婆媽媽們做起「夜光天使」，幫下課後沒人照顧的小朋友課後輔導。可此時又有另一個難題，國中的孩子怎麼辦？還有，不是所有孩子都是「愛念書的小孩」！

↗小太陽媽媽們協助同為母親的外籍配偶報考駕照，讓日常生活更安全。（林雨君提供）

於是，他們想出訓練孩子們打鼓，林雨君表示：「一定要讓孩子從做中學，他們因此必須和其他同學有連結，也才會對在地有情感。」而為了開拓孩子的視野，每年還募款帶他們出去見習與觀摩其他優秀團隊，林雨君說：「為了追求高度，他們很多時間會被填滿，就沒有機會亂想，也可能要去讀書、學習，那麼整件事就變成一種心靈治療。」

銀髮萬歲鼓團，讓長輩活得愉快

之後，精力無窮的媽媽們又想到老人。林雨君說：「我常看我們那裡的老人做三件事，不是躲在家裡看電視，就是去路邊聽賣藥然後亂買東西回家，不然就是去醫院『迫迌』（台語，「玩耍」的意思）。」

林雨君表示，為了讓老人家不覺得自己是累贅，讓他們活得有尊榮感，協會成立了「萬歲森巴鼓團」，前些日子還受邀去屏東豬腳節表演。林雨君說：「把長輩安定下來有很多好處，一是可以讓年輕人無憂地去工作；老人認識年輕人世界，跟家裡人有話題；有專業者協助，他們少去逛醫院，也能減輕健保負擔。」

聽著鹽埔婆婆媽媽從「小太陽圖書館」開始，一步步做出故事

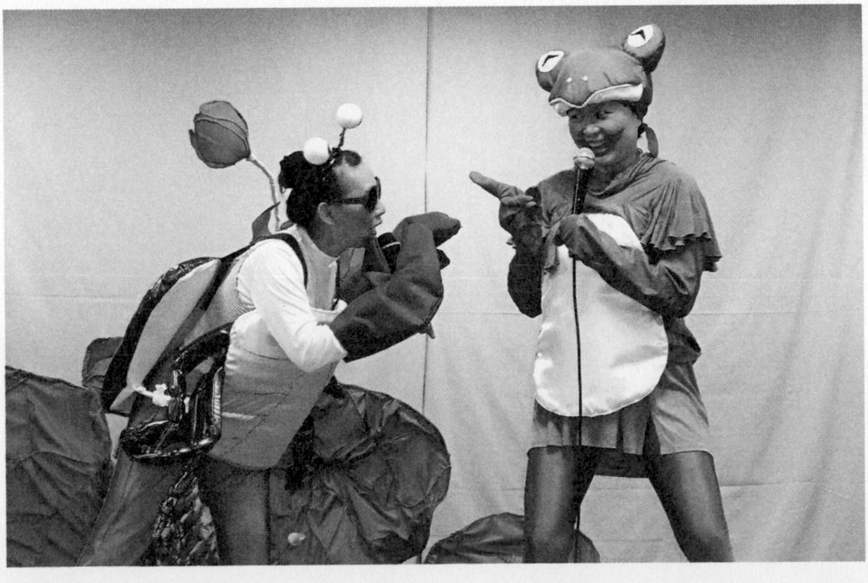

↖小太陽媽媽們從說故事進化到表演，將故事種子散播到更多小朋友身上。（林雨君提供）

媽媽、箱子劇團、關懷外配、照護隔代教養、引導關懷中學生、陪老人練森巴鼓……等一連串的行動，吳念真不免心有所感：「她們以在地精神出發，認為這件事理所當然，然後用最經濟、最情感的方式，針對社區的需要，逐一解決。」吳念真說，在東北季風起來、烏雲密布的時候，碰到了來自屏東鹽埔的太陽，「我覺得台灣社區會有他們的未來。」

婆婆媽媽分工，前線後援共同合作

說到小太陽團隊的成員，可是個個衝勁十足。小太陽的起頭人林素梅，臉永遠紅通通的，因此被叫做「番茄老師」，小太陽「創辦基金」二十五萬，就是林素梅用「婆婆媽媽」方式標會標來的。

另一個要角是「總經理」鍾清麗。負責瓢蟲車載書下鄉業務的鍾清麗說：「我的名字念快一點就是『總經理』，我都跟小朋友自我介紹說我是總經理。」總經理當了幾十年送報生，幾乎認識鹽埔所有人，加上到處蒐集地方史料，於是也被叫做「土地婆」。鍾清麗說：「他們還叫我『耆老』，可是我覺得我一點兒都不老！」

婆婆媽媽分工合作，在農會做事的張蕙菁是重要後援部隊，常常代墊不夠的費用，林雨君說：「連她老公都支持我們，老公支持是非常重要的。」此外，黃孟昭是免錢跟著瓢蟲車跑的故事媽媽，還有以文筆見長的林靜瑜（小魚媽媽），負責把小太陽故事搭配照片放上部落格，希望與更多人分享他們的婆婆媽媽行動。

鹽埔媽媽力量大，爸爸二十四小時後援

鹽埔媽媽力量大，爸爸也不落人後。瓢蟲車是中古車，平時都是經營修車廠的黃玟誠義務照料，並擔任「二十四小時道路救援服務」，瓢蟲車拋錨在荒山野地都是由他去救援。還有王和昌，是忠實的追車族，常載兩個兒子追著瓢蟲車四處去，遇到媽媽們不會開車時，還充當救火隊把車安全開回去。

帶領媽媽、爸爸的林雨君被稱「熱心小姐」，每天忙得團團轉卻不忘上臉書問候小朋友，為了帶領社團更有理論基礎，還去大仁大學念研究所。對電腦、數字很不在行的她，最頭痛的是官方老是要她將促進會的行動予以量化，但她常在一頭霧水中顯現媽媽版「深明大義」，例如反問：「百年樹人的事怎麼量化？」

看著這些人講那些事，吳念真說：「他們讓我想到台灣很傳統的媽媽、爸爸，為了整個家好，這個做做、那個做做，把整件事做得非常快樂，眉飛色舞，沒有半點哀愁。」

↗王和昌認同小太陽把知識傳入鄉里的理念，不僅帶著兒子成為瓢蟲車「追車族」，還不時扮演救火隊當司機。（鍾清麗提供）

↗小太陽行動圖書車把書載到鹽埔鄉內各社區，方便小朋友閱讀。（鍾清麗提供）

困境：「媽媽，我們家也需要義工啦！」

觀察鹽埔小太陽媽媽的動能，吳念真認為：「他們覺得這是我的地方，我必須去做，於是服務在地變成一切的開始。」吳念真強調：「『在地』是非常重要的條件，你叫台北媽媽去講故事，講台北一〇一、去五分埔買衣服，保證屏東小孩聽不懂。」

小太陽媽媽用在地、正面的態度解決問題，但回家後還有難題等著他們。負責瓢蟲車出動的「總經理」鍾清麗説：「大家都有回歸家庭的問題。」一頭栽進在地服務，鍾清麗半開玩笑的説：「我兒子嚷嚷，『媽媽，我們家也需要義工啦！』」有時一邊打掃小太陽基地，媽媽們也互開玩笑，「掃乾淨一點，哪一天被趕出門，還可以來這裡睡地板。」

為了別人家小孩，小太陽媽媽們差不多是「拋家棄子」了，但鹽埔不少社區地處偏僻，林雨君説：「有些地方我們真的幫不到。」林雨君呼籲：「那麼如果你在當地，可不可以當就地據點，我們連結一起做。」鹽埔有六個部落、十二個社區，他們希望最起碼在六個部落各有一個社區關懷據點，可以培養在地故事媽媽到附近學校説故事，老人家也不用跑很遠而能夠就近學習；她強調：「『在地』可以成就很多事，例如，光是讓老人家去逛關懷據點而不是去逛醫院，就可以省掉國家很多財政支出。」

鍾清麗希望召集更多在地人一起來，小太陽十周年的邀請函上也透露同樣的願望：「一個人搬石頭、兩個人搬石頭，更多人搬石頭……雖然會有風雨，但是陽光更強……，於是萌芽、開花、結了果，種子隨風飄到各地。」

↖小朋友圍著讀書車，津津有味地閱讀著。（林雨君提供）

↗「萬歲森巴鼓團」的精采表演，深獲好評。（林雨君提供）

突圍：憨膽向前衝，轉彎路更寬

本來只單純想弄間圖書「室」，小太陽媽媽們「事業」卻愈做愈大，大到催出了公立圖書「館」，還十八般武藝地照顧了鄉里的老老小小，吳念真不禁好奇：「你們難道沒有遇過任何困難？」

小太陽起家時曾窩在走廊下，連個像樣的空間都沒有，經費還會三不五時斷炊，載書下鄉的瓢蟲車便無法開動。面對如此處境，林雨君說：「熱情燃燒下，我們就是有憨膽，才能這樣一直跑，真考慮太多，我們就不會做了。」林雨君解釋，其實不是沒遇上問題，只是「我們自己會轉彎」。例如和老師搏感情，把上課時數從十八小時拉長為三十六小時，或找不用錢的原料上DIY課，「遇到需要錢才能解決的事，也不會不好意思，會去找『大人』求救，『鄉長啊、村長啊、縣議員，我們要給孩子打鼓，可是沒有錢買鼓。』」

老人家的「萬歲森巴鼓團」打出名號，別的鄉鎮邀請表演，林雨君一口價：「六千塊。」她是這樣算的：「為了安全，不可能讓老人家騎摩托車去表演，五千五請遊覽車，兩千塊是保險費，不夠的我自己想辦法。」聽完整個邏輯，吳念真不禁讚嘆：「你們好精細，卻又是很自然就想到這些事。」

滿懷熱情，該彎腰的時候就不怕折腰；心細如絲，還感謝幸運，所以林雨君反而露出吳念真「想太多」的狐疑。吳念真說：「我想是你們的態度，覺得做這件事是好的，又只看很多人願意幫忙的那一面，就覺得一切都是好的，不像我們小心眼，老覺得怎麼一直遇到阻礙。」

動員，齊步走

行動指南

歡迎鹽埔鄉民加入促進會的志工行列，或是帶著孩子一起到小太陽行動圖書車閱讀。

聯絡小太陽圖書館，詢問是否有捐贈書籍的需要。（洽詢電話：0912-000537，鍾清麗；0982-539677，林雨君）

官方網址

小太陽圖書館部落格 http://blog.udn.com/my6159

小魚媽媽故事部落格 http://blog.udn.com/jscandy

所在縣市	名稱	官方網址	聯絡電話	冊別	頁碼
台南市	台南社區大學台江分校	http://163.26.52.242/~private/	06-251-5670	②	p98-107
	月津文史發展協會	http://moon-port.ehosting.com.tw	06-652-9756	②	p196-203
	東山鄉環境保護自救會	http://tw.myblog.yahoo.com/jw!XFYTwm GRGBqX0YE28TmR	06-686-1439, 0910-977887 （陳顯茂）	①	p204-211
	葫蘆巷讀冊協會	http://hulualley.blogspot.tw/	0919-859187 （林民昌）	②	p204-211
高雄市	大林蒲影像館	http://tw.myblog.yahoo.com/wb-photo/	無	②	p108-115
	小林社區發展協會	無	07-676-1455	①	p228-235
	小林村重建發展協會	無	07-677-5002	①	p228-235
	小愛小林社區發展協會	無	無	①	p228-235
	六龜寶來重建協會	無	07-688-3098	①	p220-227
	寶山社區發展協會	無	07-689-3769, 0937-680035（陳秀雲）	①	p212-219
屏東縣	台灣藍色東港溪保育協會	無	08-788-8438	②	p116-125
	林仔邊自然文史保育協會	http://nabem870517.blogspot.tw/	08-875-3794	②	p126-135
	鹽埔鄉生活文化促進會 （小太陽圖書館）	http://blog.udn.com/my6159	0982-539677 （林雨君）	②	p212-219
宜蘭縣	金岳社區發展協會	無	03-998-4313	①	p86-93
	安安慢飛天使家庭關懷協會	http://blog.ilc.edu.tw/blog/blog/5011	03-956-8546	②	p138-145
	黃大魚兒童劇團	http://www.bigfish.org.tw/	03-932-0904	②	p146-155
	青松米‧穀東俱樂部	http://blog.roodo.com/sioong	03-923-3914 03-923-3726	①	p94-101
花蓮縣	O' rip生活旅人工作室	http://orip.wordpress.com/	03-833-2429	②	p34-43
	五味屋	http://www.5wayhouse.org/	03-865-6922	①	p70-77
	青少年公益組織協會	http://youth-volunteer.org.tw/	03-846-3995	①	p78-85
台東縣	向陽薪傳技藝樂校	無	089-771-481	②	p24-33
	池上萬安社區稻米原鄉館	http://wanan197.blogspot.tw/	089-863-689	①	p60-69
	南迴健康促進關懷服務協會	http://www.arksunshine.org/	089-760-037	①	p52-59
	蘭嶼部落文化基金會	http://www.taocommonwealth.tw/	089-731-000	①	p24-31
澎湖縣	河溪文化工作室	無	無	①	p32-41
	海洋公民基金會	http://penghucitizens.pixnet.net/blog	0932-467230 0915-852352	①	p42-49

TAIWAN 368 新故鄉動員令

附錄　社區團體及文史工作室索引

所在縣市	名稱	官方網址	聯絡電話	冊別	頁碼
台北市	草山生態文史聯盟	http://www.tienmu.tw/	02-2826-2369	①	p110-117
	紙風車文教基金會	http://www.paperwindmill.com.tw/	02-2392-6170	②	p88-97
新北市	三貂嶺文史工作站	無	無	①	p102-109
	枋橋文化協會	http://tw.myblog.yahoo.com/funciao.ca08/	02-2966-1376	②	p156-163
	鐵道少女工作室	無	無	①	p102-109
桃園縣	大溪愛鎮協會	http://tw.myblog.yahoo.com/dasi-dasi/	03-388-7227	①	p118-125
	觀音大堀溪文化協會（現更名為「桃園在地聯盟」）	http://www.dksi.org	0972-117081（潘忠政）	②	p44-51
新竹縣	至善社福基金會新竹竹東工作站	http://www.wretch.cc/blog/ruok15900	03-595-9081	①	p134-141
	馬武督山林溪流保育協會	無	無	①	p126-133
苗栗縣	十呆環境保護基金會	http://www.oldtree.org.tw	03-799-7298	①	p142-149
	灣寶里社區發展協會	無	0912-640266（洪箱）	②	p52-61
	灣寶人文藝術工作室	http://wan.artistic.org.tw.	無	②	p52-61
台中市	九天民俗技藝團	http://www.chio.com.tw	04-2565-3150	①	p160-169
	牛罵頭文化協進會	無	無	②	p62-71
	石岡人家園再造協會	http://www.sk921.url.tw	04-2581-7638	①	p150-159
	原住民深耕德瑪汶協會	http://www.daanriver.org.tw/	04-2591-1550	①	p170-177
	清水散步	http://www.hsabc.com.tw	04-2622-2771	②	p62-71
南投縣	新故鄉文教基金會	http://www.homeland.org.tw	049-242-2003	①	p178-187
彰化縣	社頭織襪產業發展協會	http://www.社頭織襪協會.tw/	04-873-3990	①	p188-195
	彰化縣環境保護聯盟	http://cepu49.webnode.tw/	04-776-4467	②	p72-79
雲林縣	五塊社區發展協會	http://gotowukuai.blogspot.tw/	0921-987368（吳永修）	②	p180-187
	阿勸社區發展協會	無	05-696-1283	②	p172-179
	饗響文教協會籌備處	無	05-587-1102	②	p164-171
嘉義縣	台灣基督長老教會88水災鄒族重建關懷站	http://typhoon.pct.org.tw/stn04.htm	05-258-6554	①	p196-203
	板頭社區發展協會	無	05-781-2588	②	p188-195
	船仔頭藝術村文教基金會	http://www.chau-a-thau.org.tw	05-370-2667	②	p80-87

TAIWAN 368 新故鄉動員令
②海線、平原

小野&吳念真帶路，
看見最在地的台灣生命力

作者／紙風車文教基金會、中國時報調查採訪室

特約編輯／陳彥仲
編輯／陳懿文、余素維
校對協力／黃素芬
美術設計／黃子欽
企劃經理／金多誠
出版一部總編輯暨總監／王明雪

發行人／王榮文
出版發行／遠流出版事業股份有限公司
地址／臺北市100南昌路2段81號6樓
電話／(02)2392-6899
傳真／(02)2392-6658
郵撥／0189456-1

著作權顧問／蕭雄淋律師
法律顧問／董安丹律師
2013年6月1日 初版一刷
行政院新聞局局版臺業字第1295號
定價／新台幣350元

ISBN 978-957-32-7187-1

遠流博識網
http://www.ylib.com
E-mail: ylib@ylib.com

國家圖書館出版品預行編目(CIP)資料

TAIWAN 368 新故鄉動員令——小野&吳念真帶路，看見最在地的台灣生命力, ②, 海線・平原 / 紙風車文教基金會、中國時報調查採訪室著. -- 初版. -- 臺北市 : 遠流, 2013.06
面； 公分
ISBN 978-957-32-7187-1(平裝)
1.社區總體營造 2.文集 3.臺灣
545.0933 102006259